金蝶培训教育精品图书

金蝶KIS
（第3版）
—— 财务软件培训教程

龚中华　何亮　编著
金蝶软件（中国）有限公司　审

人民邮电出版社
北京

图书在版编目（CIP）数据

金蝶KIS / 龚中华，何亮编著. -- 3版. -- 北京：人民邮电出版社，2014.11

财务软件培训教程

ISBN 978-7-115-37124-9

Ⅰ．①金… Ⅱ．①龚… ②何… Ⅲ．①财务软件—技术培训—教材 Ⅳ．①F232

中国版本图书馆CIP数据核字(2014)第231745号

内 容 提 要

本书从实际操作出发，对金蝶 KIS V9.1 标准版进行了详细讲解，包括安装、初始化设置、凭证处理和账簿查询、固定资产管理、工资管理、往来管理、出纳管理、转账设置、期末处理、报表、日常系统维护及其高级应用等。

本书试图通过 7 天的教学，让读者全面掌握金蝶 KIS V9.1 标准版的使用方法。

本书适合财务人员学习参考，也适合有意学习会计电算化的读者自学使用。

◆ 编　著　龚中华　何　亮

　审　　　金蝶软件（中国）有限公司

　责任编辑　张　涛

　责任印制　彭志环　焦志炜

◆ 人民邮电出版社出版发行　　北京市丰台区成寿寺路11号

邮编 100164　电子邮件 315@ptpress.com.cn

网址 http://www.ptpress.com.cn

北京天宇星印刷厂印刷

◆ 开本：787×1092　1/16

印张：14　　　　　　2014年11月第3版

字数：342千字　　2024年9月北京第46次印刷

定价：59.80元（附光盘）

读者服务热线：(010)81055410　印装质量热线：(010)81055316

反盗版热线：(010)81055315

广告经营许可证：京东市监广登字20170147号

Forward

前言

金蝶 KIS 产品是金蝶软件（中国）有限公司基于微软 Windows 平台开发的最新产品，它以我国当前的会计理论及财务管理实务为基础，以"拓展会计核算，强化企业管理"为指导思想，继承了源于 1995 年中国第一套基于 Windows 操作平台的金蝶 2000 系列产品的优秀品质，充分汲取金蝶在管理软件领域的成功经验，是面向小型企业的优秀管理软件。

金蝶 KIS V9.1 系列包括金蝶 KIS 标准版、金蝶 KIS 迷你版、套打设计 9.0 和财政部通用报表接口。

金蝶 KIS V9.1 迷你版包括财务处理、往来管理、报表、出纳和系统维护。

金蝶 KIS V9.1 标准版包括财务处理、工资、固定资产、往来管理、报表与分析、出纳和系统维护。

为帮助广大读者尽快熟悉金蝶财务软件，作者使用金蝶 KIS V9.1 标准版并模拟"兴旺实业"公司的业务数据，详细讲述金蝶 KIS 的安装、日常业务处理和维护等操作。

作者根据实践经验，以日常财务业务处理顺序为主线，并根据学习量的大小将本书分为 7 章，每天学习一章，让读者一周学会金蝶 KIS 软件，同时附上一套"上机测评"题，以便读者检查学习效果。

第 1 天讲述金蝶 KIS 软件的安装方法与初始化设置。初始化设置是软件的基础，本书以实例做引导，以便读者更好地理解初始化设置。

第 2 天讲述凭证处理和财簿查询，包括不同会计科目的凭证录入、凭证审核、过账和账簿查询。

第 3 天讲述固定资产管理，包括固定资产变动处理、报表查询和自动计提折旧。

第 4 天讲述工资管理，包括工资项目和公式设定，报表输出和分配费用等。

第 5 天讲述往来管理和出纳管理。往来管理包括对账查询和合同管理等。出纳管理包括现金账、银行账和支票管理等。

第 6 天讲述期末处理和报表的生成与分析，包括报表的计算、公式的修改、报表打印等。

第 7 天讲述日常系统维护和高级应用。

读者也可以根据自身情况合理安排时间。在学习过程中，建议根据书中操作实例，先学习操作方法，以对软件有所认识，在进行第二遍学习时再深入理解其中的理论知识和具体功能应用。

在实际工作中，第 4 天、第 5 天的模块，用户可以不必当期启用（可以在日后工作中随时启用）。若读者使用的是"金蝶 KIS 迷你版"，可以不学习第 3 天和第 4 天的内容。

本书附金蝶 KIS 软件试用版，安装方法请参照"第 1 天"。

本书由龚中华、何亮编著，由于作者水平有限，书中难免存在不足之处，殷切希望读者批评指正（可发邮件至 book_better@sina.com），编辑联系邮箱：zhangtao@ptpress.com.cn。

编者

目 录

第 1 天　金蝶 KIS 的安装与初始化设置 ········· 1

1.1　金蝶 KIS 标准版的安装与卸载 ········· 1
 1.1.1　安装环境要求 ········· 1
 1.1.2　金蝶 KIS 标准版的安装 ········· 2
 1.1.3　金蝶 KIS 标准版的卸载 ········· 3
1.2　账套管理 ········· 4
 1.2.1　系统登录 ········· 4
 1.2.2　新建账套 ········· 6
 1.2.3　备份账套 ········· 10
 1.2.4　恢复账套 ········· 11
 1.2.5　删除账套 ········· 11
1.3　初始数据设置 ········· 12
 1.3.1　核算项目设置 ········· 14
 1.3.2　币别设置 ········· 18
 1.3.3　会计科目设置 ········· 20
1.4　初始数据输入 ········· 25
1.5　启用账套 ········· 41
1.6　用户管理 ········· 42
 1.6.1　用户管理 ········· 42
 1.6.2　修改登录密码 ········· 44
课后习题 ········· 45

第 2 天　凭证处理和账簿查询 ········· 46

2.1　凭证处理 ········· 46
 2.1.1　修改凭证字 ········· 48
 2.1.2　凭证输入 ········· 49
 2.1.3　凭证查询 ········· 60
 2.1.4　凭证修改、删除 ········· 63
 2.1.5　凭证审核 ········· 64
 2.1.6　凭证过账 ········· 67
 2.1.7　凭证打印 ········· 68
2.2　实例练习 ········· 73
2.3　账簿报表 ········· 74
 2.3.1　总账 ········· 74
 2.3.2　数量金额总账 ········· 77
 2.3.3　核算项目总账 ········· 77
 2.3.4　明细账 ········· 78
 2.3.5　数量金额明细账 ········· 79
 2.3.6　多栏式明细账 ········· 79
 2.3.7　其他常用报表 ········· 81
课后习题 ········· 81

第 3 天　固定资产管理 ········· 82

3.1　固定资产增加 ········· 83
 3.1.1　固定资产卡片单张增加 ········· 83
 3.1.2　固定资产卡片成批输入 ········· 87
3.2　固定资产减少 ········· 89
3.3　固定资产变动 ········· 93
3.4　变动资料处理 ········· 96
 3.4.1　变动资料的审核 ········· 96

3.4.2　变动资料的过账 ················· 97
　　3.4.3　变动资料的查询 ················· 98
3.5　输入月工作量 ························· 98
3.6　计提减值准备 ························· 99
3.7　计提折旧 ····························· 100
3.8　账簿报表 ····························· 101
　　3.8.1　固定资产清单 ··················· 102
　　3.8.2　固定资产增减表 ················· 103
　　3.8.3　固定资产变动情况表 ············· 103
课后习题 ·································· 105

第4天　工资管理 ························ 106

4.1　业务处理 ····························· 107
　　4.1.1　职员管理 ························ 107
　　4.1.2　工资项目设置 ··················· 109
　　4.1.3　工资计算方法设置 ··············· 111
　　4.1.4　工资数据输入 ··················· 114
　　4.1.5　工资费用分配 ··················· 117
4.2　账簿报表 ····························· 119
　　4.2.1　工资条 ·························· 119
　　4.2.2　工资发放表 ······················ 121
　　4.2.3　工资汇总表 ······················ 123
　　4.2.4　工资统计表 ······················ 124
　　4.2.5　工资费用分配表 ················· 125
　　4.2.6　人员工资结构分析 ··············· 125
　　4.2.7　银行代发工资文件 ··············· 126
　　4.2.8　工资配款表 ······················ 126
课后习题 ·································· 127

第5天　往来管理和出纳管理 ············· 128

5.1　往来管理 ····························· 128
　　5.1.1　业务处理 ························ 129

　　5.1.2　账簿报表 ························ 139
5.2　出纳管理 ····························· 141
　　5.2.1　业务处理 ························ 142
　　5.2.2　账簿报表 ························ 157
课后习题 ·································· 159

第6天　期末处理和报表的生成与分析 ···· 160

6.1　期末处理 ····························· 160
　　6.1.1　自动转账 ························ 160
　　6.1.2　期末调汇 ························ 166
　　6.1.3　结转损益 ························ 167
　　6.1.4　期末结账 ························ 168
6.2　报表的生成与分析 ···················· 169
　　6.2.1　报表查看 ························ 170
　　6.2.2　报表分析 ························ 182
课后习题 ·································· 185

第7天　系统维护和高级应用 ············· 186

7.1　系统维护 ····························· 186
　　7.1.1　基础资料 ························ 187
　　7.1.2　系统维护 ························ 193
7.2　高级应用 ····························· 200
　　7.2.1　初始数据引入 ··················· 200
　　7.2.2　凭证引入引出功能 ··············· 201
　　7.2.3　报表引入引出 ··················· 205
　　7.2.4　年度账套的打开方式 ············· 208
课后习题 ·································· 209

上机测评 ································ 210

附　录　习题解答 ······················· 215

第 1 天 金蝶 KIS 的安装与初始化设置

学习重点

- 金蝶 KIS 标准版的安装
- 账套管理
- 初始化设置
- 用户管理

金蝶 KIS V9.1 标准版是金蝶 KIS 系列中的一款产品,主要功能包括:账务处理、工资管理、固定资产、往来管理、报表与分析、出纳和系统维护功能,是最标准化的财务软件之一。金蝶 KIS V9.1 标准版仍然继承低版本 KIS 产品的特点,界面平易近人,图标和流程详细化,使用户朋友能轻松、快速地使用金蝶 KIS 产品。

1.1 金蝶 KIS 标准版的安装与卸载

1.1.1 安装环境要求

金蝶 KIS 标准版产品遵循的原则是"实用、够用、好用",对软、硬件要求不高,且不需购买配套的数据库软件,可以快速投入使用,大大降低投资成本。

金蝶 KIS 标准版运行的硬件环境如表 1-1 所示。

表 1-1 金蝶 KIS 标准版运行的硬件环境

硬 件	最 低 配 置	建 议 配 置
CPU	Pentium 233MHz 以上	1GHz Pentium 4 及以上
内存	256MB 以上	512MB 或以上
硬盘	500MB 以上自由空间	1GB 以上自由空间

金蝶 KIS 标准版对操作系统要求:Windows 2000 中文版、Winows 2000 Server 中文版、Windows 2000 Advanced Server 中文版、Windows Server 2003 中文版、Windows XP 中文版、windows Vista 中文版、Windows7 中文版。

> **注:** 建议金蝶 KIS 产品不要和金蝶 K3 的任一版本产品安装在同一操作系统下。

1.1.2 金蝶 KIS 标准版的安装

金蝶 KIS 标准版的安装方法与一般软件安装方法基本相同，具体安装步骤如下。

（1）将金蝶 KIS 安装光盘放入光驱，系统会弹出"金蝶 KIS 安装程序"界面，如图 1-1 所示。

如果安装光盘无法自动打开安装界面，可以打开光驱目录，双击 图标即可。

（2）单击"金蝶 KIS 标准版"，系统检测后，进入安装向导界面，如图 1-2 所示。

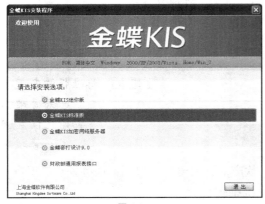

图 1-1　　　　　　　　　　　　　　图 1-2

（3）单击"下一步"按钮，进入"许可证协议"界面，如图 1-3 所示。

（4）单击"是"按钮，进入如图 1-4 所示的"信息"界面。

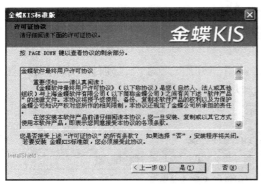 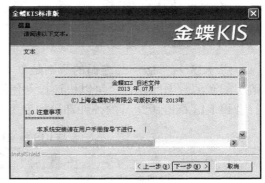

图 1-3　　　　　　　　　　　　　　图 1-4

（5）单击"下一步"按钮，进入"客户信息"界面，如图 1-5 所示。系统会自动检测用户和公司名称，也可以在此输入客户基本信息，如在"公司名称"一栏输入"FLY"。安装本书附带的试用版软件时，"序列号"可以保持默认值。

（6）单击"下一步"按钮，进入如图 1-6 所示的"选择目的地位置"界面。

> 注：若读者对计算机操作不是很熟练，建议不要更改"目的地文件夹"，以便于日后维护。

（7）单击"下一步"按钮，开始安装软件，系统自动显示安装进度指示条，安装完成后界面如图 1-7 所示。单击"完成"按钮结束安装。

成功安装后会在桌面上显示"金蝶 KIS 标准版"快捷方式图标，如图 1-8 所示。双击即可启动金蝶 KIS 标准版软件。

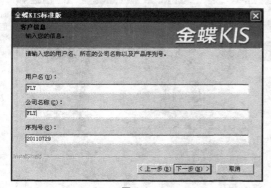

图 1-5　　　　　　　　　　　　　　　图 1-6

图 1-7　　　　　　　　　　　　　　　图 1-8

金蝶 KIS 标准版安装很简单，据作者的经验应该在 5 分钟内完成。

1.1.3　金蝶 KIS 标准版的卸载

卸载功能通常是在不想继续使用该软件，需要把该软件从系统中删除掉，以节约硬盘空间时使用；或者是由于该软件在使用过程中出现错误，可以先卸载该软件，再重新安装，以达到通畅使用该软件的目的。

金蝶 KIS 标准版的卸载方法有两种，一种是通过自带的卸载功能处理，单击"开始"→"程序"→"金蝶 KIS"→"卸载金蝶 KIS 标准版"命令，如图 1-9 所示；另一种方法是通过"添加/删除程序"功能进行处理，其步骤如下。

（1）单击"开始"按钮，在弹出的菜单中单击"设置"项下的"控制面板"命令，如图 1-10 所示。

（2）系统弹出"控制面板"窗口，双击"添加/删除程序"选项，如图 1-11 所示。

图 1-9

（3）系统弹出"添加或删除程序"窗口，选择"金蝶KIS标准版"，如图1-12所示。单击"更改/删除"按钮即可进行卸载。

图1-10

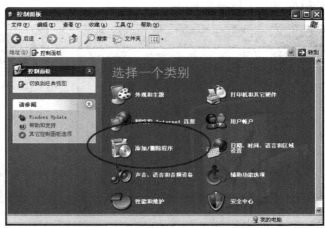
图1-11

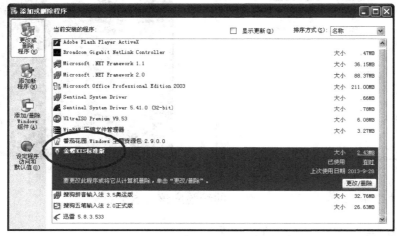
图1-12

注：卸载前应将所需要的账套文件备份出来，以防同时删除有效账套，造成不必要的损失。

1.2 账套管理

账套是一个数据库文件，用来存放所有业务数据资料，包含会计科目、凭证、账簿、报表等内容，所有工作都需要打开账套后才能进行。一个账套只能处理一个会计主体（公司）的业务，金蝶软件对账套的数量没有限制，因此一套金蝶KIS系统可以处理多家公司的账务。

1.2.1 系统登录

用户要使用金蝶软件处理业务，必须先登录系统，系统验证用户身份合法后，用户才能使用金蝶 KIS 标准版。系统登录的具体步骤如下。

（1）双击桌面上的"金蝶 KIS 标准版"快捷图标，系统弹出如图 1-13 所示的对话框。

（2）选中"以后连接不再显示此界面"项，单击"连接"按钮，稍后系统弹出提示信息框，如图 1-14 所示。

图 1-13

图 1-14

：系统弹出"无效的服务器或服务器未启动"是因为本练习中未安装"金蝶 KIS 加密网络服务器"，使 KIS 标准版呈"演示版"状态，结账超过三期的账套将无法操作。若安装了"金蝶 KIS 加密网络服务器"，并且加密认证成功，表示软件呈正式版，则可以长期正常使用。

（3）单击"确定"按钮，系统进入"金蝶 KIS 标准版系统登录"窗口，如图 1-15 所示。

（4）若登录窗口中的"账套名称"和"用户名称"呈空白显示，可单击"账套名称"项右边的 （获取）按钮，系统弹出账套文件对话框，在其中选择"Sample.ais"文件（此为演示账套文件），如图 1-16 所示。

图 1-15

图 1-16

（5）单击"打开"按钮，返回登录窗口，选择用户名称"Manager"（系统管理员），密码为空，单击"确定"按钮，系统进入"会计之家"窗口，如图 1-17 所示。

金蝶 KIS 界面简洁明快、美观大方、操作简便。窗口左边是"主功能选项"，包含我的工作台、账务处理、固定资产、工资管理、报表与分析等主要模块；中间是"业务处理"功能，选择相应"主功能选项"，在"业务处理"下会自动显示该选项的明细功能和操作流程；右边是"主功能选项"下的各种明细"账簿报表"。

注："教学演示版"的数据有效期为 3 个月，当要继续业务时，需购买正版金蝶软件，并且通过安装"加密服务器"进行认证后可长期使用。

图 1-17

1.2.2 新建账套

账套在计算机中是一个数据库文件,用以存放公司的有关财务及业务资料。

【例】兴旺实业有限公司是一家刚成立不久的印刷公司,为了提高财务部工作效率和财务分析能力,公司计划在 2013 年 3 月开始使用金蝶 KIS 标准版,用以对财务核算和分析进行有效的管理,具体情况如表 1-2 所示。

表 1-2　　　　　　　　　　　　账套基础资料

账套文件名	兴 旺 实 业
账套名称	兴旺实业有限公司
行业属性	企业会计制度
本位币	人民币
会计科目结构	10-4-2-2-2-2-2-2-2-2
会计期间界定方式	自然月份
会计期间	01 月 01 日至 12 月 31 日
启用日期	2013 年 3 月

根据表 1-2 建立兴旺实业有限公司账套,具体操作步骤如下。

(1)在"会计之家"窗口,单击菜单"文件"→"新建账套"命令,如图 1-18 所示。

(2)系统弹出"新建账套"对话框,在"文件名"文本框中输入"兴旺实业",如图 1-19 所示。

(3)文件存放目录保持默认,单击"保存"按钮,系统进入"建账向导"窗口,单击"下一步"按钮,系统进入"输入账套名称"窗口,在文本框中输入"兴旺实业有限公司",如图 1-20 所示。

第 1 天　金蝶 KIS 的安装与初始化设置

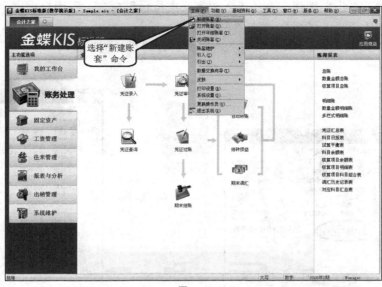

图 1-18

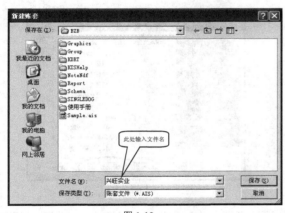

图 1-19

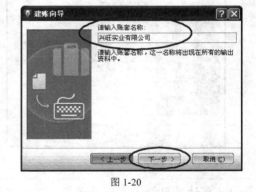

图 1-20

> **注**：账套名称与账套文件名是两个不同的概念。账套名称一般是使用该账套的公司或单位名称，用于标识该账套所属的会计主体。账套名称将在输出凭证、账簿、报表等业务资料中出现，在此要输入单位全称。账套文件名是账套在计算机中的名字。

（4）单击"下一步"按钮，系统进入"选择公司所属的行业"窗口，选择"新会计准则"行业，如图 1-21 所示，则系统按照"新会计准则"为用户预设会计科目，如果想自己手工增加会计科目，可选中"不建立预设科目表"项。

单击"详细资料"按钮可以查看所选行业的预设会计科目代码及名称列表，如图 1-22 所示。若企业所需的会计科目与预设科目有差异，可通过修改预设的会计科目以适应单位会计核算管理的要求，方法是建账完成后，在"系统维护"功能下的"会计科目"中进行修改，具体见后续章节。

(5) 单击"下一步"按钮,系统进入"定义本位币"窗口,各用户根据企业性质自行定义,在此采用默认值"人民币",如图 1-23 所示。

(6) 单击"下一步"按钮,系统进入"定义会计科目结构"窗口,根据表 1-2 进行修改,如图 1-24 所示。

图 1-21

图 1-22

图 1-23

图 1-24

注: 会计科目的级别以及各级长度的确定,应综合考虑以下两方面的因素。

(1) 标准化:必须遵守国家有关的编码标准,如一级会计科目编码财政部已有统一规定,不允许随便更改,以保证全国会计数据的统一。

(2) 可扩充性:会计科目结构中,级数是指代码的最大层级数,代码长度是指代码的位数,如代码结构为 4-2-2,即编码到 3 级,一级科目长度为 4 位,二级和三级科目为 2 位。对于规模大、业务量层次复杂及要求高的单位,可增加代码的级数和代码长度,为今后的发展留有余地。一旦新建账套完成,所设定项目均无法再做任何修改,因此要特别注意。

(7) 单击"下一步"按钮,系统进入"定义会计期间"窗口,选择"自然月份","会计年度开始日期"为"1 月 1 日","账套启用会计期间"为"2013 年 3 期",如图 1-25 所示。

系统提供 3 种会计期间的界定方式。

① 按照自然月份方式。

② 按照每个会计期间的天数,并可选择每个会计年度分为多少个会计期间的方式来界定。
③ 任意期间数。可将每个会计年度分为任意多个期间进行核算。

注：一旦定义好会计期间界定方式,则无法更改,一定要按照实际情况认真选择。

会计年度开始日期是与会计期间紧密相关的,它用来确定用户账套会计年度的起始日期,该日期是该用户的一个会计年度开始和结束的标志。例如,如果选择会计年度开始日期为 3 月 1 日,则在每年 2 月底结账时,系统就会做年结处理。我国会计制度一般规定会计年度开始日期为 1 月 1 日。

账套启用会计期间设为 2013 年 3 月,表示第一张凭证从 3 月份开始,因此初始数据处要输入 2013 年 2 月份期末数据。

(8) 单击"下一步"按钮,系统弹出"完成建账"窗口,如图 1-26 所示。

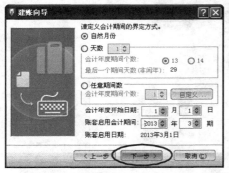

图 1-25

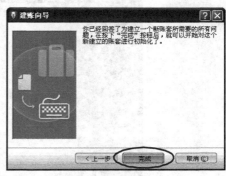

图 1-26

用户若需返回修改设置,可单击"上一步"按钮。单击"完成"按钮结束整个账套的建立工作。

稍等片刻,系统会自动进入"兴旺实业"账套的"初始化"状态,如图 1-27 所示。

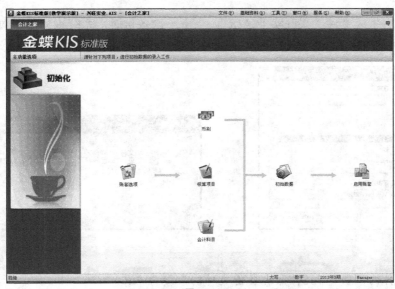

图 1-27

1.2.3 备份账套

为预防数据出错或发生意外（如硬盘损坏），需要定期备份数据。备份工作可以随时进行，笔者建议最好是每周备份一次，而且在下列情况下必须进行备份。

（1）每月结账前和账务处理结束后。

（2）软件版本更新前。

（3）会计年度结账之前。

下面以备份"兴旺实业"账套为例，介绍备份的具体操作步骤。

（1）单击菜单"文件"→"账套维护"→"账套备份"命令，如图 1-28 所示。

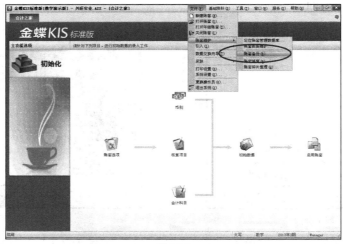

图 1-28

（2）系统弹出"账套备份"对话框，选择目标路径后单击"备份"按钮即可开始备份，如图 1-29 所示。

备份完成后生成文件"兴旺实业.AIR"。当下一次备份时，系统询问是否对文件重命名，如图 1-30 所示。单击"是"按钮即可。

图 1-29

图 1-30

注：账套文件的后缀为 AIS，账套备份文件的后缀为 AIR。

1.2.4 恢复账套

如果账套出错,可利用"恢复账套"功能将账套备份文件(后缀为 AIR)恢复成账套文件(后缀为 AIS)。

在初始化设置状态下没有"账套恢复"功能,单击"文件"菜单下的"关闭账套"命令,再次单击菜单"文件"→"账套维护",此命令在账务处理时也可以看到。

下面以将"兴旺实业.AIR"恢复为"兴旺.AIS"账套文件为例,介绍账套恢复的具体步骤。

(1)单击菜单"文件"→"账套维护"→"账套恢复"命令,系统弹出"恢复账套"对话框,如图 1-31 所示。

(2)选中"兴旺实业.AIR"文件,单击"打开"按钮,系统弹出"恢复为"对话框,如图 1-32 所示。

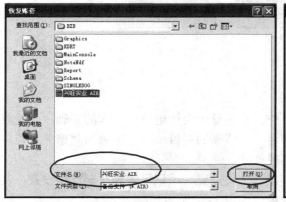

图 1-31

图 1-32

(3)用户可以随意设置保存位置,在此采用默认值,文件名改为"兴旺",单击"保存"按钮即可。

> **注:** 恢复时,文件名不能与同一文件夹下的账套名相同。

1.2.5 删除账套

账套不想再使用时可以删除。下面以删除"兴旺.AIS"为例,介绍其具体操作步骤。

(1)单击"文件"菜单下的"打开"命令,系统弹出"打开账套"对话框。

(2)选中"兴旺.AIS"文件,单击鼠标右键,系统弹出快捷菜单,如图 1-33 所示。

(3)在快捷菜单中单击"删除"命令,即可删除账套。

> **注:** 如果要删除正在处理的账套,则需要先将其关闭,然后才能删除。

图 1-33

1.3 初始数据设置

初始化设置是会计电算化中十分重要的工作，它是整个会计电算化工作的基础。初始设置的好坏，将直接影响到会计电算化的质量和运作。清晰的科目结构、准确的数据关系，用户就会在日常处理和财务核算中思路顺畅、驾轻就熟。

初始数据的设置工作包含会计科目设置、核算项目设置、币别设置和账套选项设置，其中账套选项也可在启用账套后设置。初始设置窗口如图 1-34 所示。

图 1-34

第 1 天　金蝶 KIS 的安装与初始化设置

表 1-3～表 1-8 为"兴旺实业"公司的初始设置数据。

表 1-3　　　　　　　　　　　　　　　核算项目

往来单位		部门		职员		
代码	名称	代码	名称	代码	姓名	部门
1001	深圳科林	01	总经办	01	陈友生	总经办
1002	东莞丽明	02	财务部	02	陈静	财务部
1003	深圳爱克	03	销售部	03	何陈钰	财务部
1004	深圳永昌	04	采购部	04	郝达	销售部
1005	东莞美志	05	仓库	05	张琴	采购部
2001	深圳南丰纸业	06	丝印部	06	王平	仓库
2002	专一菲林	07	品管部	07	李小明	丝印部
2003	飞达模具	08	运输部	08	李大明	丝印部
2004	深圳东方货运			09	王长明	品管部
2005	天星油墨			10	李闯	运输部

表 1-4　　　　　　　　　　　　　　　　币别

币别代码	币别名称	期初汇率	期末汇率
HKD	港币	0.809	期末调汇时输入

表 1-5　　　　　　　　　　　　　现金和银行存款科目

科目代码	科目名称	币别核算	期末调汇
1001	库存现金		
100101	人民币	否	否
100102	港币	单一外币（港币）	是
1002	银行存款		
100201	工行东桥支行 125	否	否
100202	中行东桥支行 128	单一外币（港币）	是

表 1-6　　　　　　　　　　　　　　　往来科目

科目代码	科目名称	辅助核算	核算项目
1122	应收账款	单一核算项目	往来单位
2202	应付账款	单一核算项目	往来单位

表 1-7　　　　　　　　　　　　　　　存货科目

科目代码	科目名称	辅助核算	核算项目	单位
140301	纸类			
14030101	坑纸		核算数量金额	张
14030102	不干胶纸		核算数量金额	张
14030103	铜版纸		核算数量金额	张

续表

科目代码	科目名称	辅助核算	核算项目	单位
14030104	薄膜胶纸		核算数量金额	张
140302	油墨类			
14030201	丝印油墨		核算数量金额	公斤
14030202	彩印油墨		核算数量金额	公斤

表1-8   其他科目

科目代码	科目名称	科目代码	科目名称	科目代码	科目名称
160101	办公设备	510103	水电费	660106	速递费
160102	机械设备	510104	折旧费	660107	折旧费
160103	运输类	510105	机物料消耗	660108	伙食费
400101	陈友生	510106	菲林费	660109	水电费
400102	何成越	510107	员工福利费	660110	房租
50010101	直接材料	510108	员工工资	660210	伙食费
50010102	直接人工	510109	品管部	660211	其他
50010103	制造费用转入	510110	刀模费	660212	待摊费用摊销
510101	伙食费	510111	办公费	660213	长期待摊费用摊销
510102	房租	510112	差旅费		

1.3.1 核算项目设置

在实际工作中,有的会计科目会有较多的明细科目,如应收账款、应付账款,为每一个往来单位设置明细科目等,随着公司业务的开展,明细科目会越来越多,这样所设置的"会计科目结构"可能就无法满足需求。为了提高工作效率,金蝶KIS提供了会计科目的辅助核算功能,当科目设置辅助核算项目后,该科目所发生的每一笔业务都会同时登记到该科目总账和核算项目账上。核算项目的优势有以下几点。

● 核算项目的编码灵活方便,不受科目编码结构的束缚,数量可以成千上百,并可输入便于记忆和使用方便的字符,但最大长度不能超过20位。

● 可简化明细科目的输入工作量。

● 核算项目内容一般都归类放置,一目了然,便于管理和控制。

金蝶KIS标准版预设3种核算项目:往来单位、部门和职员。用户不能删除这3种项目,但可根据需要增设新的核算项目,如"在建工程"、"产品"、"销售订单"等。

> **注:** 一个科目最多可挂4类核算项目,每类中的明细账目不受限制,但Access数据库的承受能力有限,因此建议每个科目最多挂两类核算项目。

1. 往来单位设置

往来单位是指供应商和客户,根据表1-3中数据设置"往来单位",具体步骤如下。

(1) 在"会计之家"窗口,单击"核算项目"功能图标,系统弹出"核算项目"管理窗口,如图1-35所示。

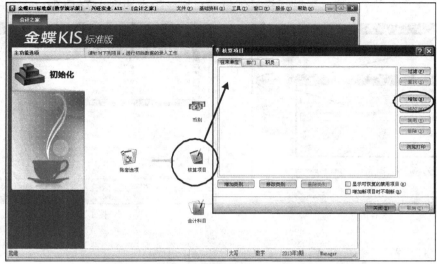

图 1-35

（2）在"往来单位"选项卡中，单击"增加"按钮，系统弹出"往来单位"管理窗口，在"代码"栏中输入"1001"，在"名称"栏中输入"深圳科林"，联系方式和税务登记号等内容视各用户公司情况而定，如图 1-36 所示。

（3）单击"增加"按钮保存数据，继续输入表 1-3 中其余的往来单位资料。

（4）单击"关闭"按钮，返回"核算项目"窗口，结果如图 1-37 所示。

图 1-36

图 1-37

2. 部门设置

根据表 1-3 中数据，进行"部门"设置，具体步骤如下。

（1）在"核算项目"管理窗口，单击"部门"选项卡切换到"部门"管理窗口，再单击右边的"增加"按钮，系统弹出"部门"信息输入窗口，在"部门代码"栏中输入"01"，在"部门名称"栏中输入"总经办"，其余采用默认值，如图 1-38 所示。

（2）单击"增加"按钮保存数据，继续输入表 1-3 中其余的部门资料。

（3）单击"关闭"按钮，返回"核算项目"窗口，结果如图1-39所示。

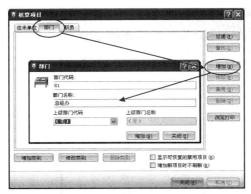

图1-38

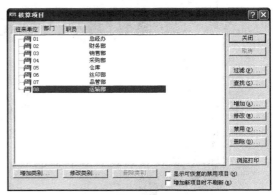

图1-39

3. 职员设置

根据表1-3中数据，进行"职员"设置，具体步骤如下。

（1）在"核算项目"管理窗口，单击"职员"选项卡切换到"职员"管理窗口，单击右边的"增加"按钮，系统弹出"职员"信息输入窗口，在"代码"栏中输入"01"，在"姓名"栏中输入"陈友生"，在"部门"栏中选择"总经办"，在"职务"栏中选择"一般工作人员"，如图1-40所示。

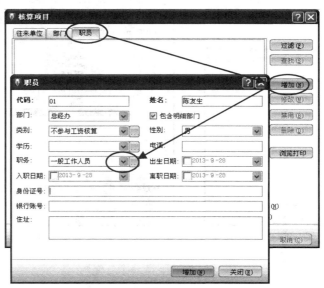

图1-40

> 注：当系统提示输入职员职务时，选择"一般工作人员"，也可以单击"职务"项旁边的"..."按钮增加相应的职务资料。

（2）单击"增加"按钮保存数据，继续输入表1-3中其余的职员资料。

（3）单击"关闭"按钮，返回"核算项目"窗口，结果如图1-41所示。

图1-41

4. 增加核算项目类别

当系统中预设的核算项目类别不能满足详细化核算时，可以通过增加"核算项目"类别的方法，达到财务上多角度的核算目的。下面以根据表1-9增加"核算项目——销售订单"为例，练习增加核算项目类别的方法。

表1-9　　　　　　　　　　　　销售订单属性

属 性 名 称	属 性 类 型	属 性 长 度
订单编号	整数	
客户	文本	50
订单数量	实数	

（1）在"核算项目"管理窗口，单击窗口左下角的"增加类别"按钮，如图1-42所示。

图1-42

（2）系统弹出"核算项目类别"窗口，参照表1-9中数据输入资料，如图1-43所示。

（3）单击"确定"按钮，返回"核算项目"窗口，这时可以看到在"核算项目"管理窗口增加了一个"销售订单"类别，如图1-44所示。

图1-43

图1-44

在"核算项目"窗口，用户可以对"项目类别"进行修改和删除操作。单击要修改的类别选项卡，如"销售订单"选项卡，再单击"修改类别"按钮，系统会弹出如图1-42所示的窗口，用户根据需要进行相应修改即可。在"核算项目"窗口，单击要删除的类别选项卡，如"销售订单"选项卡，再单击"删除类别"按钮，即可将当前类别删除。

注：删除时，"核算项目类别"下不能有数据。

"核算项目"管理窗口中的功能按钮如下。
- 过滤：将符合条件的项目筛选列出。
- 查找：将光标定位至符合条件的第一条记录。
- 增加：增加核算项目资料。
- 修改：修改核算项目资料。
- 禁用：对选中核算项目做禁用标记，在以后的业务中不再使用该项目。
- 删除：删除选中的核算项目。
- 浏览打印：浏览打印所选取核算类别的数据。

1.3.2　币别设置

货币是财务核算的基本单位，对于有外币业务的企业，财务核算的计算单位可能涉及多种币别。币别设置是对企业所涉及的外币进行"币别"和"汇率"管理，用户可对"币别"进行增加、修改、浏览等操作。

"兴旺实业"公司发生的业务涉及"港币"业务，根据表1-4增加和修改币别，具体步骤如下。

1．增加币别

（1）在"会计之家"窗口，单击"初始化"下的"币别"选项，系统弹出"货币"管理窗口,如图 1-45 所示。

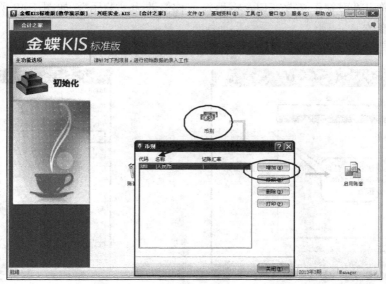

图 1-45

(2) 单击"增加"按钮,系统弹出"币别"新增窗口,在"币别代码"栏中输入"HKD",在"币别名称"栏中输入"港币",在"3"期间处的期初汇率输入"0.809",如图 1-46 所示。

货币代码使用 3 个字符表示,建议使用一般惯例编码,如 RMB、HKD、USD 等。在输入货币代码时尽量不要使用"$"符号,因为该符号在自定义报表中有特殊含义,如果使用该符号,在自定义报表中定义取数公式时可能会遇到麻烦。

(3) 单击"增加"按钮保存设置,单击"关闭"按钮退出"币别"新增窗口,返回"币别"管理窗口,新增成功币别如图 1-47 所示。

图 1-46

图 1-47

2. 修改币别

将刚才所增加的币别"港币"修改为"港元",具体步骤如下。

（1）选中"港币"，单击"修改"按钮，如图1-48所示。

（2）系统弹出"币别"修改窗口，将币别名称修改为"港元"，如图1-49所示。单击"确定"按钮保存修改。

请读者用同样方法将"港元"改回"港币"。

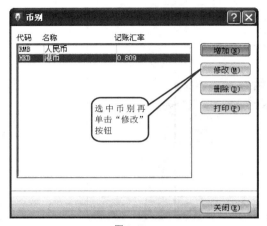

图1-48

图1-49

1.3.3 会计科目设置

1. 科目设置和控制原则

（1）科目设置必须满足核算、管理与编制会计报表的要求，凡是报表中需从系统取数的科目必须设置。

（2）科目设置中，科目代码、科目名称、科目类型和余额方向必须设置正确。

（3）科目是外币核算时，必须选择所核算的外币币别。

（4）科目为数量金额辅助核算时，必须输入计量单位。

（5）科目代码必须符合建账时的"会计科目结构"。

（6）如果科目下有明细科目，则它的代码不能修改或删除。若需要删除，必须从末级科目开始删除，并且所删除的科目在本年内没有业务发生才行。

2. 会计科目的属性

会计科目的属性包括科目代码、助记码、科目名称、科目类别等，在"会计之家"窗口，单击"初始化"下的"会计科目"选项，系统弹出"会计科目"管理窗口，单击"增加"按钮，系统进入"新增科目"窗口，如图1-50所示。

下面对分别对各属性进行介绍。

● 科目代码：会计科目的代码应该按照一定的规则进行编制，要尽量与财政部标准统一，以便在使用中清晰明了。科目代码必须符合建账时设置的会计科目结构。如果会计科目结构为4-2-2-2-2-2，则：

1003　　　XX 科目　　　（正确，符合一级科目长度为4位数）

103　　　　XX 科目　　　（错误，不符合一级科目长度为4位数）

100301　　　XX 科目　　　　　（正确，符合二级科目长度为 2 位数）
1003001　　 XX 科目　　　　　（错误，不符合二级科目长度为 2 位数）

图 1-50

● 助记码：在输入凭证时，为了提高会计科目输入的速度，可以使用助记码，如将"现金"科目的助记码设为"xj"，则输入凭证时，在科目栏输入"xj"，系统将会自动对应为"现金"科目，这可以加快凭证处理速度。助记码长度最多为 8 个字符。

● 科目名称：命名科目名称时只需命名本级科目名称，不必带上级科目名称。

● 科目类别：按照会计科目的经济性质进行分类，可以方便地对科目进行管理。系统在进行业务处理时还要对某些属性做一些特殊的处理，因此不要轻视科目类别的设置。

● 币别核算：指定该科目币别核算的方式，主要有如下 4 种。

➢ 不核算外币：不进行外币核算，只核算本位币。

➢ 核算所有外币：对本账套中设定的所有货币进行核算。在处理到该科目时系统默认核算本位币，用户可以选择其他币种进行核算。

➢ 核算单一外币：只对本账套中某一种外币进行核算。若选择核算单一外币，则必须选择一种进行核算的外币。

➢ 期末调汇：若进行外币核算，要确定是否在期末进行汇率调整。如选择期末调汇，则在期末执行"期末调汇"功能时对此科目进行调汇。一般核算涉及外币科目要设置此项。

系统在处理核算外币的会计科目时，会自动默认使用"货币处理"功能中输入的汇率，用户可以根据实际情况进行修改。

● 日记账：指定该科目按日清日结方式登记账簿，如 1001 现金科目。

● 结算类科目：指定该科目是否记录结算方式，如 1002 银行存款科目。

● 现金类科目：指定该科目是否属于现金类科目。

● 银行类科目：指定该科目是否属于银行类科目。

● 余额方向：指该科目余额默认的方向。该项属性对于账簿或报表输出的数据有直接影响，系统将根据会计科目的默认余额方向来反映输出的数值。

● 单一核算项目：选中该项，可以在"核算项目"项中选择所核算的类别，也可以设定为"无"类别。

● 多核算项目：可以同时核算多个类别，如"费用"科目要核算到部门，同时也需要核算到职员。

● 核算项目：显示该账套建立的核算项目类别。

● 往来业务核算：是否进行往来业务核算。此项选择将影响"往来业务对账单"和"账龄分析表"。

● 数量金额辅助核算：是否进行数量金额辅助核算。若进行数量金额辅助核算，则要求输入核算的计量单位，通常应用于"存货类"科目。

3. 新增现金和银行存款科目

根据表1-5增加会计科目。下面以增加"100101人民币"科目为例，介绍具体操作步骤。

（1）在"会计之家"窗口，单击"初始化"下的"会计科目"选项，系统弹出"会计科目"管理窗口，系统根据建立账套时所选择的行业属性预设有6大类科目——资产、负债、共同、权益、成本和损益，用户可以根据需要在相应类别选项卡中进行会计科目的管理，如增加、修改、删除等。

（2）选中"资产"下的"库存现金"科目，单击窗口右侧的"增加"按钮，系统进入"新增科目"窗口，在"科目代码"栏中输入"100101"，在"科目名称"栏中输入"人民币"，如图1-51所示。

（3）单击"增加"按钮保存新增。用同样的方法输入表1-5中其余的科目数据，新增完成如图1-52所示。

图1-51

图1-52

注：在输入"港币"和"中行东桥支行128"科目时，在"币别核算"处要选择"核算单一外币"，选择核算"港币"，并且选中"期末调汇"项，如图1-53所示。

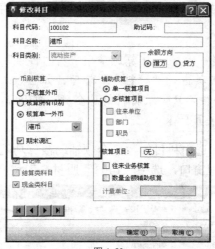

图 1-53

4. 修改往来科目属性

根据表 1-6 将往来科目属性"核算项目"修改为"往来单位",具体操作步骤如下。

(1)在"会计科目"管理窗口,选中"1122 应收账款"科目,如图 1-54 所示。

(2)单击"修改"按钮,系统弹出"修改科目"窗口,修改"核算项目"为"往来单位",如图 1-55 所示。

(3)单击"确定"按钮保存修改设置。

(4)用同样的方法将"应付账款"科目属性修改为核算"往来单位"。

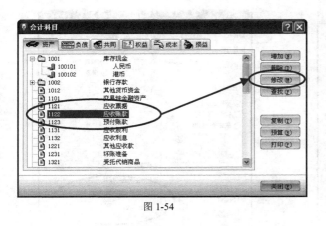

图 1-54

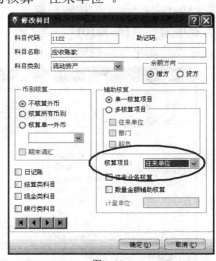

图 1-55

5. 设置存货类科目

该项设置重点是是否使用"数量金额辅助核算",若进行数量金额辅助核算,并要求设置核算的计量单位,则该科目输入凭证时,系统会要求输入该科目的单价和数量,这样在以后的"数量金额总账"和"数量金额明细账"中,能查询到该存货科目的每一笔业务发生时的单价、数量。

> **注:** 有些企业由于材料太多,如果在核算时采用"明细科目"的方法,可能操作起来太烦琐。通常是使用其他工具进行"材料账"管理,如 Excel 软件,而在"标准版"中的"1403——原材料"等科目只记录材料的总金额,并且不采用"数量金额辅助核算"功能,也能满足财务核算要求。

根据表 1-7 增加科目,并选中科目的数量金额辅助核算功能,具体操作步骤如下。

(1) 在"会计科目"管理窗口,选中"1403 原材料"科目,如图 1-56 所示。

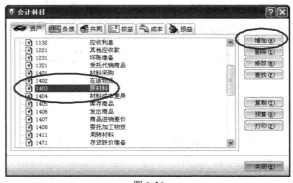

图 1-56

(2) 单击"增加"按钮,系统弹出"新增科目"窗口,在"科目代码"栏中输入"140301",在"科目名称"栏中输入"纸类",如图 1-57 所示。

(3) 单击"增加"按钮保存新增科目,系统弹出一空白"新增科目"窗口,在"科目代码"栏中输入"14030101",在"科目名称"栏中输入"坑纸",选中"数量金额辅助核算"项,在"计量单位"栏中输入"张",如图 1-58 所示。

图 1-57   图 1-58

(4) 单击"增加"按钮进行保存。用同样的方法将表 1-7 中其余的科目输入系统。

6. 其他科目设置

根据表 1-8 设置其他科目。下面以新增"160101 办公设备"科目为例,介绍其他科目的设置步骤。

(1)在"会计科目"窗口,选中"1601 固定资产"科目,如图 1-59 所示。

(2)单击"增加"按钮,系统弹出"新增科目"窗口,在"科目代码"栏中输入"160101",在"科目名称"栏中输入"办公设备",如图 1-60 所示。

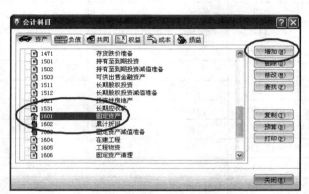

图 1-59

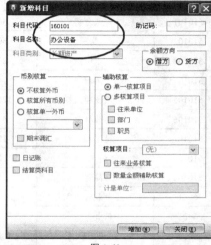

图 1-60

(3)单击"增加"按钮进行保存。用同样的方法输入表 1-8 中其余的科目。

> **注:** 新增其他类别科目时,如负债、损益类科目,要先单击"会计科目"窗口中相应选项卡,之后再按步骤(1)~(3)操作。

1.4 初始数据输入

会计科目、核算项目和货币基础资料初始设置完成后,可以输入初始数据。初始数据需要输入全部科目的本位币、外币、数量金额账、固定资产等信息的期初余额、累计借方、累计贷方以及本年累计损益实际发生额 4 项,系统会自动计算出年初余额。若用户在年初启用账套,则只需输入年初余额即可。

表 1-10~表 1-18 是"兴旺实业"账套的科目初始数据。

表 1-10　　　　　　　　　　　　一般科目数据

科目代码	科 目 名 称	累计借方	累计贷方	方　　向	期初余额	本年累计损益实际发生额
100101	人民币	1309923	1300000	借	9923	
100201	工行东桥支行 125	1126870	404305	借	722565	
1405	库存商品	10000	10000	借	0	
221101	工资	50000	83500	贷	33500	
400101	陈友生	0	500000	贷	500000	

续表

科目代码	科目名称	累计借方（元）	累计贷方（元）	方向	期初余额	本年累计损益实际发生额
400102	何成越	0	500000	贷	500000	
4103	本年利润	166311	154270	贷	-12041	
50010101	直接材料	12000	12000	借	0	
50010102	直接人工	35000	35000	借	0	
50010103	制造费用转入	31107	31107	借	0	
510101	伙食费	1000	1000	借	0	
510102	房租	600	600	借	0	
510103	水电费	230	230	借	0	
510104	折旧费	147	147	借	0	
510105	机物料消耗	12000	12000	借	0	
510106	菲林费	450	450	借	0	
510107	员工福利费	120	120	借	0	
510108	员工工资	16000	16000	借	0	
510109	品管部	560	560	借	0	
6001	主营业务收入	154270	154270	贷	0	154270
6401	主营业务成本	78107	78107	借	0	78107
660101	职工薪酬	10000	10000	借	0	10000
660102	业务费	6000	6000	借	0	6000
660103	展览费	58294	58294	借	0	58294
660107	折旧费	450	450	借	0	450
660108	伙食费	300	300	借	0	300
660109	水电费	200	200	借	0	200
660110	房租	500	500	借	0	500
660201	职工薪酬	10000	10000	借	0	10000
660202	业务招待费	300	300	借	0	300
660203	办公费	560	560	借	0	560
660206	折旧费	1000	1000	借	0	1000
660210	伙食费	600	600	借	0	600

表 1-11　　应收账款下业务数据

业务编号	往来单位代码	日期	序号	摘要	借方	贷方
S2-68	1001	2-28	1	销售产品	56420	
S2-68	1001	2-28	2	收货款		47820
S2-69	1002	2-28	1	销售产品	97000	
S2-69	1002	2-28	2	收货款		78200
S2-70	1003	2-28	1	销售产品	850	
S2-70	1003	2-28	2	收货款		850

表 1-12　　　　　　　　　　　应付账款下业务数据

业务编号	往来单位代码	日期	序号	摘要	借方	贷方
C2-81	2001	2-28	1	采购材料		92000
C2-81	2001	2-28	2	付货款	81000	
C2-82	2002	2-28	1	采购材料		12000
C2-82	2002	2-28	2	付货款	7000	

表 1-13　　　　　　　　　　　固定资产类别

类别名称	常用折旧方法	预计净残值率
机械设备	平均年限法	10%
运输类	平均年限法	10%

表 1-14　　　　　　　　　　　固定资产 1

基本-入账信息		折旧与减值准备信息		本年变动数据
代码	B001	折旧方法	平均年限法	
名称	瑞风商务车	从入账到预计使用期间数	60	
固定资产科目	160101	折旧费用科目	660206	
累计折旧科目	1602	减值准备对方科目	6701	
减值准备科目	1603	账套启用期初数据		
类别	办公设备	原值	158000	
使用情况	使用中	累计折旧	2370	
使用部门	总经办	预计净残值	15800	
入账日期	2013-1-1			
增加方式	购入			
原值本位币	158000			

表 1-15　　　　　　　　　　　固定资产 2

基本-入账信息		折旧与减值准备信息		本年变动数据
代码	B002	折旧方法	平均年限法	
名称	联想办公电脑	从入账到预计使用期间数	60	
固定资产科目	160101	折旧费用科目	660206	
累计折旧科目	1602	减值准备对方科目	6701	
减值准备科目	1603	账套启用期初数据		
类别	办公设备	原值	4800	
使用情况	使用中	累计折旧	72	
使用部门	总经办	预计净残值	480	
入账日期	2013-1-8			
增加方式	购入			
原值本位币	4800			

表 1-16　　　　　　　　　　　固定资产 3

基本-入账信息		折旧与减值准备信息		本年变动数据
代　　码	J001	折 旧 方 法	平均年限法	
名称	丝印机	从入账到预计使用期间数	60	
固定资产科目	160102	折旧费用科目	510104	
累计折旧科目	1602	减值准备对方科目	6701	
减值准备科目	1603	账套启用期初数据		
类别	机械设备	原值	9800	
使用情况	使用中	累计折旧	147	
使用部门	丝印部	预计净残值	980	
入账日期	2013-1-8			
增加方式	购入			
原值本位币	9800			

表 1-17　　　　　　　　　　　固定资产 4

基本-入账信息		折旧与减值准备信息		本年变动数据
代　　码	Y001	折 旧 方 法	平均年限法	
名称	五十铃人货车	从入账到预计使用期间数	60	
固定资产科目	160103	折旧费用科目	660107	
累计折旧科目	1602	减值准备对方科目	6701	
减值准备科目	1603	账套启用期初数据		
类别	运输类	原值	96000	
使用情况	使用中	累计折旧	1440	
使用部门	运输部	预计净残值	9600	
入账日期	2013-1-12			
增加方式	购入			
原值本位币	96000			

表 1-18　　　　　　　　　　　数量金额账初始数据

科目代码	科目名称	累计借方数量	累计借方金额	累计贷方数量	累计贷方金额	数量余额	金额余额
1211	原材料	3284	104000	3076	91000	208	13000
121101	纸类	2984	92000	2826	81000	158	11000
12110101	坑纸	700	50000	576	45000	124	5000
12110102	不干胶纸	2284	42000	2250	36000	34	6000
121102	油墨类	300	12000	250	10000	50	2000
12110201	丝印油墨	300	12000	250	10000	50	2000

1．一般科目初始数据输入

一般科目是指没有设置辅助核算，不是外币科目和固定资产科目的科目。根据表 1-10 输入初始数据，具体操作步骤如下：

(1) 在"会计之家"窗口,单击"初始化"下的"初始数据"选项,系统弹出"初始数据输入"窗口,如图 1-61 所示。

图 1-61

每次进入"初始数据输入"窗口,系统都要检查科目、核算项目、货币等项目是否发生变动,如果有变动,系统会重新对初始数据进行处理。为了提高输入初始数据的速度,建议用户将所有外围数据,如会计科目、核算项目等内容全部输入或修改完毕之后再输入初始数据,并尽量避免输入时修改会计科目和其他项目。

输入窗口中不同颜色表示不同的数据:白色表示可以直接输入的账务数据资料,它们是最明细级普通科目的账务数据;黄色表示非最明细科目的账务数据或者具有核算项目的会计科目,数据是系统根据最明细级科目的账务数据或核算项目的数据自动计算出来的;绿色表示有关固定资产初始数据资料,业务数据涉及"固定资产"和"累计折旧"两个科目,其中的数据由固定资产卡片数据处理产生;灰色表示所对应的科目不能使用该项数据,数据无法输入。

"核算项目"列中显示"√"则表示该会计科目下设置有核算项目,双击该列的任何位置,都可进行核算项目的初始化数据工作。

图 1-61 左上角为数据类型选择框,可以选择要处理的初始数据大类,如输入外币科目数据时,选择外币类型则切换到外币科目初始数据输入窗口,选择固定资产类型则切换到固定资产初始数据输入窗口,如图 1-62 所示。

设置损益类科目的本年累计实际发生额时,一定要输入实际发生额数据,否则将来在输出损益表及其他有关损益类科目报表时,报表所取数据会不正确。如兴旺公司的营业收入为 50 万元,但后来发生退货 3 万元,那么营业收入的实际发生额为 47 万元。

科目的年初数是系统由以下公式自动计算生成的:

- 借方年初余额＝期初余额+本年累计贷方发生额—本年累计借方发生额
- 贷方年初余额＝期初余额+本年累计借方发生额—本年累计贷方发生额

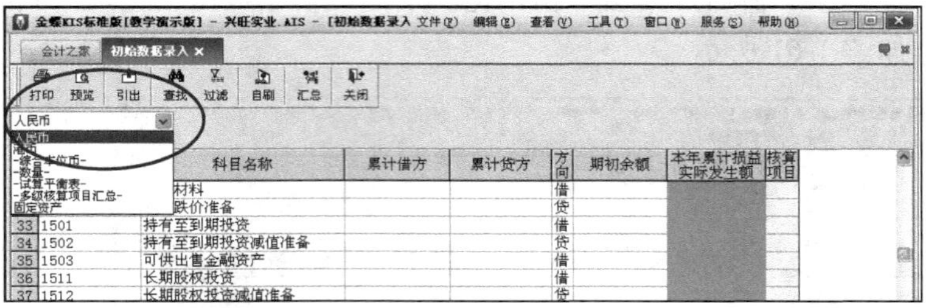

图 1-62

输入明细科目数据后，单击工具栏中的"汇总"按钮可对数据汇总。

工具栏中有"自刷"按钮，输入每一笔初始化数据后，系统自动将数据进行刷新操作，一般用户不需要使用该项目，否则操作速度会相应减慢。

（2）首先输入"人民币"科目期初数据，数据类型选择"人民币"，光标移至"人民币"科目下的"累计借方"处，输入"1309923"，"累计贷方"输入"1300000"，"期初余额"输入"9923"，如图 1-63 所示。

图 1-63

当输入完"人民币"初始数据后，系统会将该数据汇总到上一级科目。

（3）按步骤（2）输入表 1-10 各科目下的初始数据。

2．往来初始数据输入

金蝶 KIS 标准版提供两种方式输入往来初始数据：余额式输入和业务核算式输入。

如果企业只关心往来单位之间的发生额和余额，可以使用余额式输入方法，具体操作步骤如下。

（1）在科目下设置往来核算项目的会计科目处（黄色区域并有打勾）双击鼠标，如在"应收账款"科目处双击鼠标，系统弹出"核算项目余额"窗口，如图 1-64 所示。

（2）输入往来单位的"累计借方"、"累计贷方"、"期初余额"。

（3）单击"保存"按钮，单击"关闭"按钮返回"初始数据输入"窗口，系统会自动将刚才输入的数据汇总到"应收账款"科目。

如果企业除了想了解往来单位余额之外，还想了解与往来单位结算的是何笔业务单号（或合同号），可以使用业务核算式输入方法。此时需要启用科目设置中的"往来业务核算"功能。使用"往来业务核算"方式，根据表 1-11 和表 1-12 输入往来数据，具体操作步骤如下。

注：使用此功能时，一定要将余额式输入方法中输入的数据删除后再进行设置。

（1）修改"应收账款"科目属性，增加"往来业务核算"设置。

① 退出"初始数据输入"窗口，返回"初始化"窗口。

② 单击"会计科目"选项，系统弹出"会计科目"管理窗口。选中"应收账款"科目，单击"修改"按钮，系统弹出"修改科目"窗口，选中"往来业务核算"项，如图1-65所示。

图 1-64

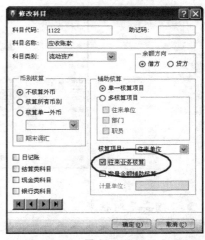

图 1-65

③ 单击"确定"按钮，保存设置。

④ 用同样的方法修改"应付账款"科目，之后退出"会计科目"管理窗口。

（2）单击"初始化"下的"初始数据"选项，进入"初始数据输入"窗口，双击"应收账款"科目，系统弹出"应收账款"初始窗口，如图1-66所示。

图 1-66

（3）单击"增加"按钮，系统弹出"初始往来业务资料"输入窗口，如图1-67所示。

● 业务编号是与往来单位发生业务时的登记号，可以是仓库的出入库单号或合同编号。处理往来业务或进行往来业务核销时，系统会利用业务编号进行处理。编号最大长度为

31

10个字符。

- 发生日期是往来业务发生的日期。在进行初始化时应该在往来业务发生的原始记录中填写准确的日期，以便日后输出往来业务对账单、账龄分析表时业务日期准确。

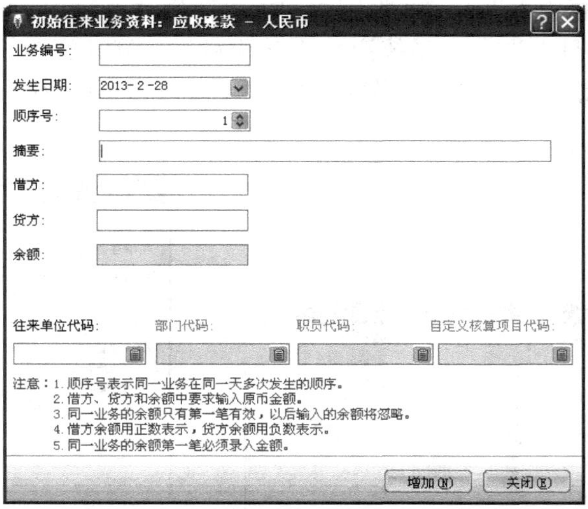

图 1-67

- 摘要是对往来业务的说明。
- 币别是往来业务资料所涉及的货币名称。
- 借方、贷方表示该笔往来业务资料发生时原币金额及方向。
- 余额表示当前往来业务中的往来业务余额，只按当前的发生额计算。

在这里可以认为"累计借方"与"累计贷方"是同一笔业务编号，但是顺序号不同，系统会自动算出期初余额。

（4）在"初始往来业务资料"窗口，业务编号输入"S2-68"，发生日期保持默认值，摘要输入"销售产品"，借方输入"56420"，往来单位代码输入"1001"，如图 1-68 所示。

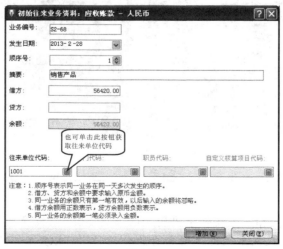

图 1-68

（5）单击"增加"按钮进行保存，继续按同样方法输入表 1-11 中其余数据，输入完成结果如图 1-69 所示。

图 1-69

（6）单击"关闭"按钮返回"初始数据输入"窗口，按同样方法将表 1-12 中应付账款下业务数据输入，输入完成结果如图 1-70 所示。

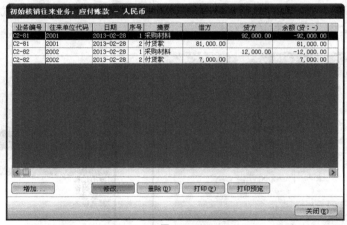

图 1-70

注：读者可根据企业情况选择余额式输入方法或业务核算式输入方法。

3. 固定资产初始数据输入

固定资产初始数据包括固定资产类别、资产名称等。

（1）固定资产类别设置

根据表 1-13 设置固定资产类别，具体操作步骤如下。

① 双击固定资产科目（绿色框）或在"初始数据输入"窗口左上角的"数据类型选择框"中选择"固定资产"项目，系统进入"固定资产"输入窗口，如图 1-71 所示。

② 单击"新增"按钮，系统弹出"固定资产卡片"新增窗口，如图 1-72 所示。

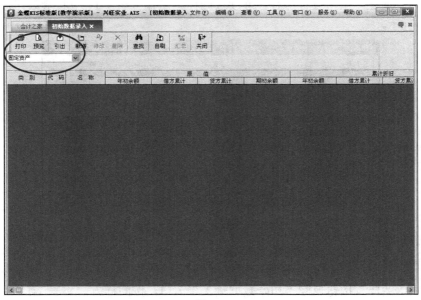

图 1-71

③ 单击"类别"项右侧的"…"（编辑）按钮，系统弹出"固定资产类别"管理窗口，如图 1-73 所示。系统中已经预设部分常用类别。

图 1-72

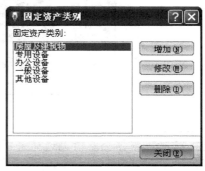

图 1-73

④ 单击"增加"按钮，系统弹出"固定资产类别"新增窗口，"类别名称"栏中输入"机械设备"，"常用折旧方法"栏中选择"平均年限法"，"预计净残值率"栏中输入"10%"，如图 1-74 所示。

⑤ 单击"增加"按钮进行保存。用同样方法输入表 1-13 中其余类别。

⑥ 输入完成单击"关闭"按钮返回"固定资产类别"管理窗口，如图 1-75 所示。单击"关闭"按钮返回"固定资产卡片"窗口。

图 1-74

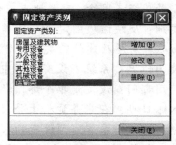
图 1-75

（2）固定资产卡片输入

"固定资产卡片"窗口包含 3 个选项卡："基本-入账信息"选项卡、"折旧与减值准备信息"选项卡和"本年变动数据"选项卡。

① 单击"基本-入账信息"选项卡，输入表 1-14 中的数据，如图 1-76 所示。

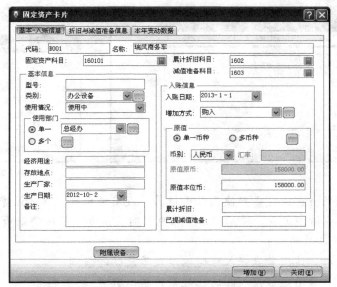
图 1-76

- 代码：一般为数字或字符，也可以是字符和数字的组合，最大长度为 20 个字符。

注：代码是唯一的，保存后不可修改。

- 名称：一般为汉字或字符，最大长度为 40 个字符。
- 固定资产科目：卡片核算对应的固定资产科目，一般是固定资产或其下级科目。单击"获取"按钮，可选择固定资产科目。
- 累计折旧科目：卡片核算对应的累计折旧科目。
- 减值准备科目：卡片核算对应的减值准备科目。

注：若建账时选择的是其他行业，请先将"课后习题"完成。

- 型号、经济用途、存放地点、生产厂家、生产日期、备注内容可根据公司要求而定。
- 类别：反映该项固定资产从属于哪一个类别，系统预设了一项固定资产类别——房屋及建筑物类。房屋及建筑物类固定资产不论其使用状态如何，都必须计提折旧。
- 使用情况：系统内设有使用中、未使用、不需用、经营性租出4种方式。
- 使用部门：设定是单个部门还是多个部门在进行该固定资产的使用。
- 入账日期：在账务资料上登记在册的日期。
- 增加方式：系统内预设有购入、接受投资、接受捐赠、融资租入、自建、盘盈、其他增加等增加方式。如果系统内没有所需要的增加方式，可以单击"增加方式"项右侧的"…"按钮，进行增加方式的增加或修改。
- 币别：该固定资产是用何种币别所购买。在此处还需选定该固定资产使用的是"单一币种"还是"多币种"购买。当该固定资产使用"多币种"时，需单击"…"按钮，系统弹出如图1-77所示窗口。单击"增加"按钮，系统弹出如图1-78所示窗口，通过选择相应"币别"进行原值的输入。

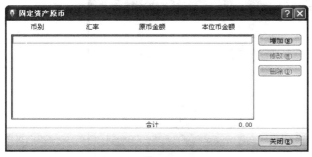
图1-77

图1-78

- 汇率：如果当前固定资产使用外币核算，设定该币别结算的汇率。
- 原值原币：该固定资产使用"单一币别"时，该处显示所使用币别的原值。当使用"本位币"时当前项不必输入。
- 原值本位币：该固定资产入账时以本位币反映的数额。
- 累计折旧：该固定资产入账时已经累计折旧数额。
- 已提减值准备：该固定资产入账时已经计提的减值准备数额。

② 单击"折旧与减值准备信息"选项卡，输入表1-14中的数据，如图1-79所示。

- 折旧方法：固定资产在计提折旧时所要采取的计算方法，有不计提折旧、平均年限法、工作量法、双倍余额递减法和年数总和法5种折旧方法。
  - 不计提折旧：在任何条件下，系统都不对该固定资产计提折旧。
  - 平均年限法：按照直线法计提折旧，即每期按相同的值计提折旧。当选定此方法时，"从入账日期起的预计使用期间数"要以月份为单位。
  - 工作量法：按照其工作量来平均计提折旧。
  - 双倍余额递减法：在不考虑预计净残值的情况下，用固定资产年初净值乘以年折旧率计算。
  - 年数总和法：将原值减去残值后乘以逐年递减的分数来计算固定资产折旧额。

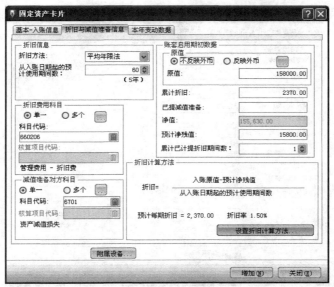

图 1-79

- 折旧费用科目：固定资产在计提折旧时，折旧额所应计入的费用科目。只有在这里设置好折旧费用科目，系统才有可能自动计提折旧。
- 减值准备对方科目：设定固定资产做减值准备时对方科目的代码。
- 账套启用期初数据包括如下内容。
  - 原值：该固定资产启用时的期初原值，用户可以设置是否反映外币项。
  - 累计折旧：该固定资产启用时已经累计折旧期初数。
  - 已提减值准备：该固定资产启用时已经提减值准备期初数。
  - 净值：由公式"净值=原值-累计折旧-已提减值准备"自动算出。
  - 预计净残值：由"固定资产类别"中设定的"预计净残值率"算出，此值可修改。
  - 累计已计提折旧期间数：该固定资产已经计提的期间数，用月份表示。
- 折旧计算方法：设置当前选用"折旧方法"的计算公式。

注："折旧与减值准备信息"页中的原值、累计折旧和已提减值准备数据，与"基本-入账信息"页中的原值、累计折旧和已提减值准备数据在意义上是有所不同的。

③ 单击"本年变动数据"选项卡，系统弹出"本年变动数据"窗口，如图 1-80 所示。
- 本年原值调增：本年年初到账套启用期的固定资产原值调增的数值，不包括本年新增加的固定资产原值，仅指在年初基础上调增的部分原值数额。
- 本年原值减少：本年年初到账套启用期的固定资产原值调减的数值。
- 本年累计折旧调增：该固定资产在本年年初到账套启用期累计折旧发生变动而调增的累计折旧数值，不包括本年由于计提折旧而增加的累计折旧数值。
- 本年累计折旧减少：该固定资产因变化形成累计折旧调减值。
- 本年计提折旧：从本年年初到账套启用期间止这段期间内所计提的固定资产折旧。
- 本年累计减值准备：本年年初到账套启用期所计提的固定资产折旧。

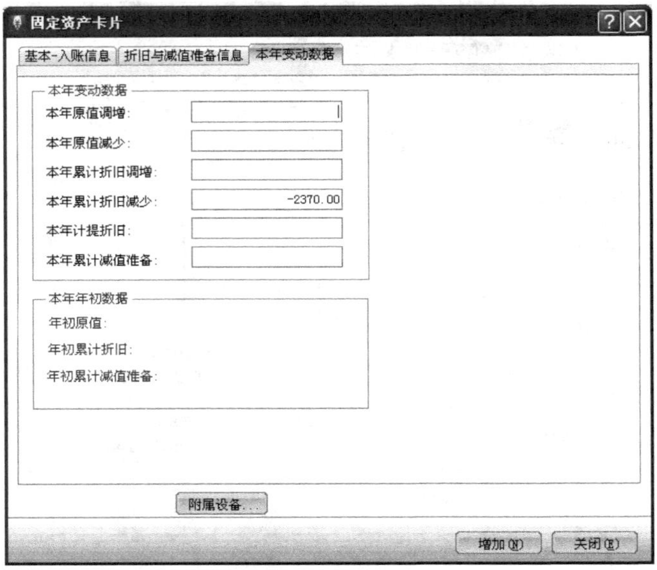

图 1-80

> **注**：以上数值会涉及该固定资产其他项目的数据，它们之间的计算公式是：
>
> 　　入账原值=期初原值-本年原值调增+本年原值减少
>
> 　　入账累计折旧=期初累计折旧-本年累计折旧调增-本年计提折旧+本年累计折旧减少
>
> 如果账套是从年初启用的，不用输入以上 5 项信息。

● 附属设备：单击此按钮时，系统弹出"固定资产附属设备"管理窗口，如图 1-81 所示。

图 1-81

在窗口输入附属设备的信息。用户需要注意的是"金额"项，金额不会自动追加在固定资产的原值中，这个数值还需在固定资产的原值中变更。

④ 按照同样的方法输入表 1-15～表 1-17 中的固定资产数据，输入完成，单击"关闭"按钮返回"固定资产"初始数据窗口，输入结果如图 1-82 所示。

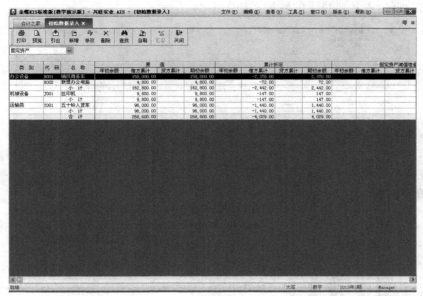

图 1-82

4. 输入数量金额账

输入数量金额账时需注意"累计借方"、"累计贷方"和"期初余额"是在"人民币"初始数据窗口中输入的,有关该科目的数量是在"数量"窗口中输入的,根据表 1-18 输入数量金额账,具体操作步骤如下。

(1)在"初始数据输入"窗口中输入表 1-18 中科目的"累计借方"、"累计贷方"和"期初余额"数据,如图 1-83 所示。

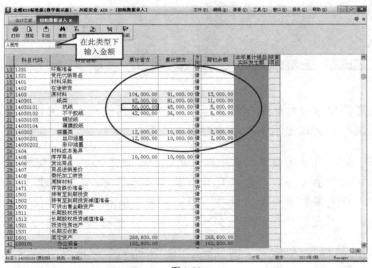

图 1-83

(2)在左上角的数据类型框中选择"数量"类型,系统切换到"数量"输入窗口,按照

表 1-18 中的数据输入各科目下的数量，如图 1-84 所示。

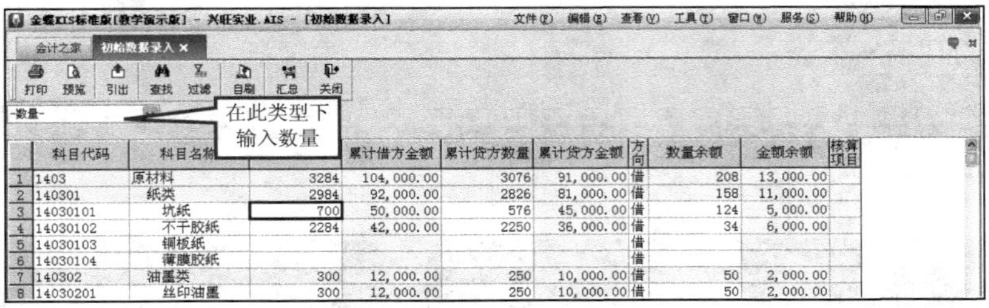

图 1-84

5. 试算平衡表

所有初始数据输入完成，在数据类型框中选择"试算平衡表"，以查看输入的数据是否借贷平衡，如图 1-85 所示。

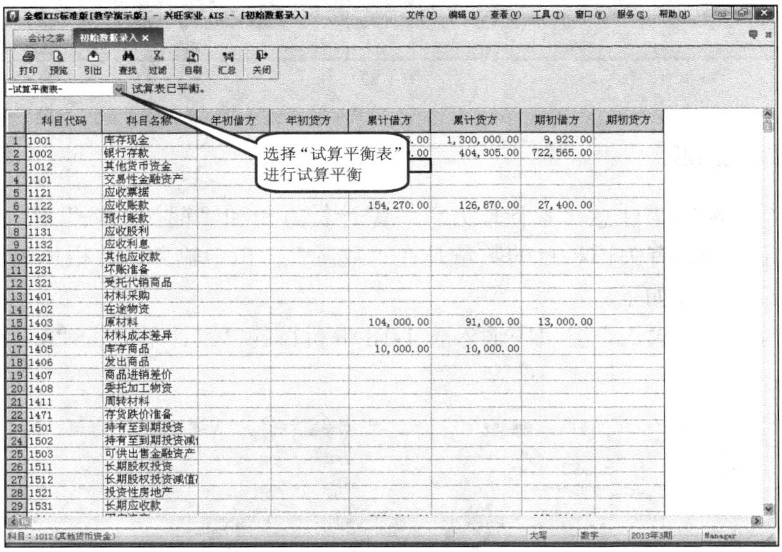

图 1-85

如果不平衡需要反查是什么数据输入错误，再返回到相应的本位币或固定资产等项目下进行修改，直到试算平衡表显示平衡后才能启用账套。

> **注：** 如果选择了表外科目的核算功能，则系统还会提供表外科目的初始数值输入窗口。表外科目的初始数值并不参与表内科目数额的试算平衡。系统在进行试算平衡时，只将所有表内科目账务数据全部合计在一起，因此只有将所有的本位币、外币、辅助账、数量金额账、固定资产等全部数据输入完毕之后才能够进行总账数据的试算平衡。

所有数据输入完成后，单击"关闭"按钮退出"初始数据输入"窗口，系统会自动保存所输入数据。如果需要进行数据修改，单击"初始数据"图标，进入"初始数据输入"窗口进行修改即可。

1.5 启用账套

期初数据输入完成,并且试算平衡表显示"试算平衡表已平衡",则可以启用该账套。

(1)在"会计之家"窗口,单击"初始化"下的"启用账套"选项,系统弹出"启用账套"向导窗口,如图 1-86 所示。

(2)单击"继续"按钮,进入"账套备份"窗口,选择账套备份的目标文件夹,如图 1-87 所示。

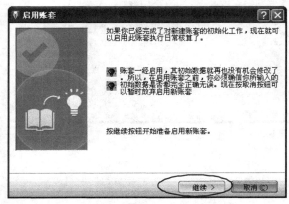

图 1-86

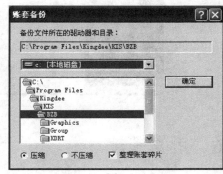

图 1-87

(3)单击"确定"按钮进入自动备份状态,账套备份完毕,稍等片刻屏幕会自动显示该账套已经可以启用窗口,如图 1-88 所示。

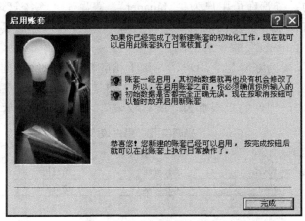

图 1-88

(4)单击"完成"按钮,进入日常业务处理界面,如图 1-89 所示。

注: 在启用账套时需反复检查初始数据是否准确,若不正确,那么账套启用后再返回修改初始数据将非常麻烦。

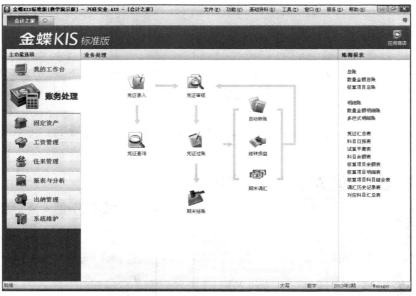

图 1-89

1.6 用户管理

1.6.1 用户管理

用户管理是指为账套中设定操作员并且赋予操作员相应的权限，如凭证输入、查询、审核和报表查询等。

金蝶 KIS 预设的系统管理员用户为"Manager"，隶属于"系统管理员组"，密码初始为空，"权限"为"所有权限"，"授权范围"为"当前用户"。为保证账套数据的安全，建议在新建账套后，修改"Manager"的登录密码。

实际工作中，一般要为账套建立用户，并赋予相应权限，以给不同员工使用。在本账套中建立"陈静"、"何陈钰"两名用户，"何陈钰"主要是进行输入数据工作，"陈静"主要是进行审核和出报表工作，他们的权限都为"所有权限"，如表 1-19 所示。

表 1-19　　　　　　　　　　　"兴旺实业"用户表

姓　　名	组　　别	权　　限	授权范围	安　全　码
陈静	系统管理员组	所有权限	所有用户	123456
何陈钰	缺省组	所有权限	所有用户	123456

具体设置步骤如下。

（1）单击菜单"工具"→"用户管理"命令，系统进入"用户（组）管理"窗口，如图 1-90 所示。

窗口右边有"用户组设置"和"用户设置"，"用户组设置"是对用户分组管理，此账套暂不分组；"用户设置"是设置单个用户信息，如新增、改组、删除、授权功能。

（2）选中"系统管理员组"，单击"用户设置"下的"新增"按钮，系统弹出"新增用户"窗口，在"用户名"栏中输入"陈静"，如图 1-91 所示。

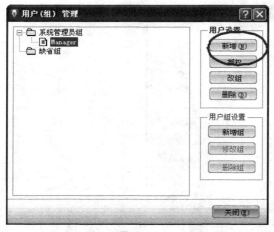

图 1-90

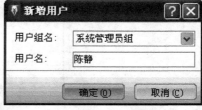

图 1-91

（3）单击"确定"按钮进行保存，系统自动进入"权限管理"窗口，如图 1-92 所示。

窗口左边是权限对象，窗口右边是明细权限。在设置时先单击左边权限对象名称，再选择右边明细权限，方框中打勾的代表选定，空代表没有此权限。

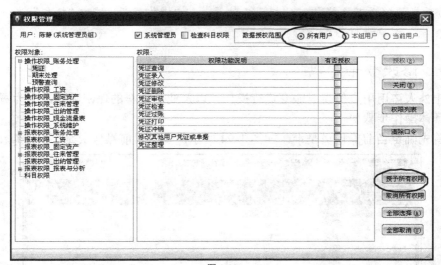

图 1-92

（4）单击窗口右下角的"授予所有权限"按钮，系统弹出提示窗口，单击"是"按钮授予所有权限。

> **注：** 选择"所有用户"表示该操作员能处理所有用户输入的凭证和业务资料；选择"本组用户"表示该操作员能处理本组用户输入的凭证和业务资料；选择"当前用户"表示只能处理该操作员输入的凭证和业务资料。

（5）单击"关闭"按钮退出授权窗口。
（6）按同样的方法新增用户"何陈钰"并授权，新增完成如图 1-93 所示。

图 1-93

注：（1）操作员不需要再使用该账套时，只有系统管理员可以删除该用户。选中需删除的操作员名称，单击"删除"按钮即可。如果操作员隶属于"系统管理员组"，则需要将操作员改为其他组后方能删除。

（2）后期要修改某个操作员的权限方法是：选中操作员后，单击"授权"按钮进入"权限管理"窗口进行修改。

1.6.2 修改登录密码

为防止外人盗用用户信息对账套进行操作，以及业务资料的保密需要，应为每个用户设置密码，具体操作步骤如下。

（1）首先确定当前操作员是谁。如图 1-94 所示，表示当前操作员是"Manager"。

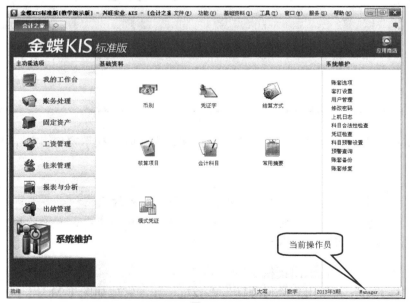

图 1-94

（2）更换操作员为"陈静"。方法一，单击菜单"文件"→"更换操作员"命令，弹出系统登录窗口，在"用户名称"一栏选择"陈静"，如图 1-95 所示；方法二，单击屏幕右下角"用户名称"，弹出系统登录窗口。

（3）单击"确定"按钮，以"陈静"身份进入"会计之家"窗口。

（4）单击菜单"工具"→"修改密码"命令，系统弹出"修改密码"窗口，如图 1-96 所示。

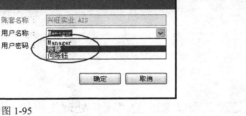

图 1-95

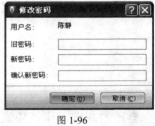

图 1-96

（5）在"新密码"栏和"确认新密码"栏中输入密码。如果已经设置密码，则还需在"旧密码"栏中输入旧的密码，输入完成单击"确定"按钮。

在"修改密码"窗口的"旧密码"栏中输入旧密码，"新密码"和"确认新密码"为空，单击"确定"按钮即可删除密码。

注：当前的登录密码与"用户管理"中的"安全码"不同。更改某个用户的登录密码时，一定要先以其用户名登录，之后方能进行更改。

课后习题

1．新建账套有哪两种途径？

2．账套启用会计期间如何确定？

3．账套备份文件为什么不能直接打开？

4．在"初始数据输入"窗口中，白色区域表示_____，黄色区域表示_____，绿色区域表示_____，灰色区域表示_____。

5．外币、数量、固定资产等初始数据切换可通过_____完成。

6．固定资产卡片中，"基本-入账信息"页中的原值与"折旧与减值准备信息"页中的原值有何不同？

7．账套在什么状态下才能启用？

8．以自己姓名为用户名，建立用户并授权。

第 2 天　凭证处理和账簿查询

学习重点

- 凭证输入
- 凭证查询
- 凭证审核
- 凭证过账
- 凭证打印
- 账簿报表

会计的基础工作是凭证处理，金蝶 KIS 的"账务处理"模块可以处理凭证输入、查询、审核、记账、结转损益、期末结账、查询账簿和打印等功能。

凭证是会计核算系统的主要数据来源，其正确性直接影响会计信息系统的真实性、可靠性，因此必须保证凭证输入数据的正确性。凭证处理工作包含输入、审核、过账、查询、打印、修改、删除等。凭证处理时会计科目可直接从系统科目表获取，并自动校验分录平衡关系，从而保证输入数据的正确。

账簿报表查询快而准地提供了多种账务处理查询筛选功能，总账可按科目级别、币别、科目范围等查询；明细账可按期间范围、币别、科目范围查询；账簿报表还包括多栏式明细账、数量金额明细账、核算项目总账等，输出格式美观大方。账簿报表中还提供了日报表、试算平衡表、科目余额表、核算项目明细表。

2.1　凭证处理

兴旺实业有限公司相关凭证信息如表 2-1～表 2-7 所示。

表 2-1　凭证字

删除凭证字	收、付、转

表 2-2　2013-3-2 收陈友生投资款

日　期	摘　要	会　计　科　目	借方金额	贷方金额
2013-3-2	实收投资款	100201-工行东桥支行 125	500000	
	实收投资款	400101 实收资本-陈友生		500000

表 2-3　　　　　　　　　　　　　　　摘要内容

摘 要 类 别	摘 要 内 容
其他类	实收投资款
	销售产品

表 2-4　　　　　　　　2013-3-4 收到深圳科林公司货款

日期	摘要	会计科目	往来单位代码	业务编号	借方	贷方
2013-3-4	收到货款	100101　现金-人民币			8600	
	收到货款	1122　应收账款	1001 深圳科林	S2-68		8600

表 2-5　　　　　　　　　　　销售深圳爱克产品

日期	摘要	会计科目	往来单位代码	业务编号	借方	贷方
2013-3-4	销售产品	1122　应收账款	1003 深圳爱克	S3-01	4500	
	销售产品	6001　主营业务收入				3846.15
	销售产品	22210102 应交税费-增值税-销项税额				653.85

表 2-6　　　　　　　2013-3-4 购买深圳南丰纸业公司坑纸

日期	摘要	会计科目	往来单位代码	业务编号	数量	单价	借方	贷方
2013-3-4	购进原材料	14030101　原材料-纸类-坑纸			25	40	1000	
	购进原材料	22210101　应交税费-增值税-进项税额					170	
	购进原材料	2202 应付账款	2001 深圳南丰纸业	C3-02				1170

表 2-7　　　　　　　　2013-3-5 收到何成越港币投资款

日期	摘要	会计科目	币别	汇率	原币金额	借方	贷方
2013-3-5	实收投资款	100201-中行东桥支行 128	HKD	0.809	100000	80900	
	实收投资款	400101 股本-何成越					80900

双击桌面"金蝶 KIS 标准版"快捷图标，系统弹出"金蝶 KIS 标准版系统登录"窗口。账套名称选择"兴旺实业"，用户名称选择"何陈钰"，如图 2-1 所示。

单击"确定"按钮，进入日常业务处理界面"会计之家"窗口，如图 2-2 所示。

图 2-1

图 2-2

2.1.1 修改凭证字

在输入凭证前,用户需要根据企业会计制度确认使用何种凭证字,金蝶 KIS 已经为用户预设凭证字有"记、收、付、转"4 个,用户可以自行更改。

(1)单击图 2-2 中的"系统维护"模块,系统切换到"系统维护"界面,如图 2-3 所示。

图 2-3

(2)单击"凭证字"选项,系统弹出"凭证字"管理窗口,如图 2-4 所示。

(3)单击"新增"按钮,系统弹出"新增凭证字"窗口,例如在"凭证字"栏中输入"兴旺记",其他项不处理,如图 2-5 所示。

(4)单击"确定"按钮,保存设置。在"凭证字"管理窗口可以见到已经新增成功的"兴旺记"凭证字,如图 2-6 所示。

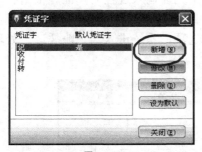
图 2-4

图 2-5

(5)按照表 2-1 删除不需要的凭证字和刚才新增的"兴旺记"凭证字。选中"收"凭证字,单击"删除"按钮。用同样方法删除"付、转、兴旺记",删除完成后结果如图 2-7 所示。

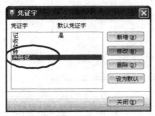
图 2-6

图 2-7

(6)单击"凭证字"窗口中的"关闭"按钮返回"会计之家"窗口。

2.1.2 凭证输入

金蝶 KIS 为用户提供了仿真凭证模式输入界面。在日常业务处理窗口,单击"账务处理"→"凭证输入"选项,系统进入"记账凭证"窗口,如图 2-8 所示。

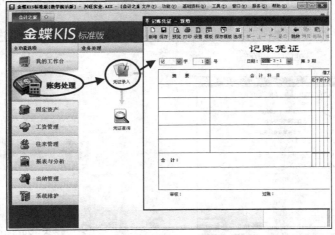
图 2-8

1. 一般凭证输入

一般凭证是指凭证分录中会计科目属性没有设置辅助核算和外币核算属性，它是日常账务处理中最简单的凭证，也是最能体现会计电算化中凭证输入过程的凭证。根据表 2-2 中的数据进行一般凭证输入，操作步骤如下。

（1）单击"账务处理"模块下的"凭证输入"选项，系统进入"记账凭证"处理窗口，如图 2-9 所示。

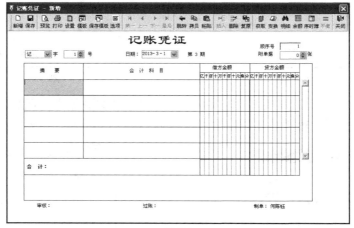

图 2-9

（2）选择"凭证字"为"记"字。如果当前账套只有一个凭证字，系统会自动选取。

注：当该账套采用多个"凭证字"时，在输入和修改凭证时要更改凭证字号，则需要更改"账套选项"参数。方法如下：退出"记账凭证"输入界面，单击"系统维护"→"账套选项"选项，系统弹出"账套选项"窗口，在"凭证"选项卡中勾选"增加和修改凭证时允许改变凭证字号"选项，如图 2-10 所示。

（3）"凭证号"和"顺序号"采用系统默认值。"附单据"根据实际情况输入，这里采用系统默认值。

（4）单击"日期"处的▼（下拉按钮），系统弹出"日历"选择窗口，选择"2013-03-02"，如图 2-11 所示，单击"确定"按钮。

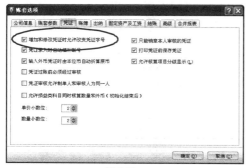

图 2-10

图 2-11

(5)单击第一条分录"摘要"栏,输入摘要。也可以通过摘要库进行选择,先将光标移到"摘要"栏,按 F7 功能键(或单击工具栏中的"获取"按钮),系统弹出"摘要"管理窗口,如图 2-12 所示。

图 2-12

系统已经为用户预设有部分"常用摘要",用户可以直接选择使用,也可以按照需求新增摘要。将表 2-3 所示摘要内容增加到"兴旺实业"账套的摘要库中,具体步骤如下。

① 单击"摘要类别"下的"增加类别"按钮,系统进入"增加摘要类别"窗口,输入"其他类",如图 2-13 所示。

② 单击"增加"按钮,进行保存。单击"关闭"按钮返回"摘要"窗口。

③ 在"摘要类别"栏中选择"其他类",单击窗口右侧的"增加"按钮,系统弹出"增加摘要"窗口,输入"实收投资款",如图 2-14 所示。

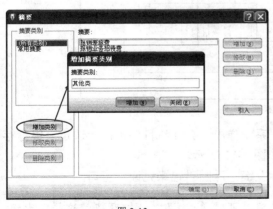

图 2-13

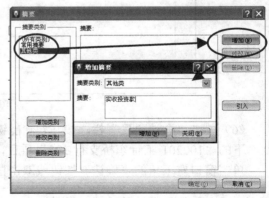

图 2-14

④ 单击"增加"按钮,保存设置。

⑤ 使用同样的方法增加表 2-3 中其余摘要内容。单击"关闭"按钮返回"摘要"窗口,输入的摘要如图 2-15 所示。

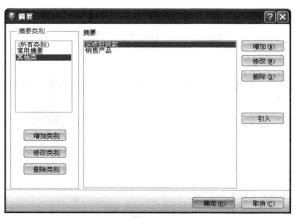

图 2-15

> 注：摘要库还可以通过"引入"按钮从其他账套中引入摘要，也可以通过"系统维护"模块下的"常用摘要"选项进行管理。

⑥ 在"摘要"窗口选定"实收投资款"摘要，单击窗口右下角的"确定"按钮（或选中后双击鼠标左键），这时在"记账凭证"的"摘要"栏中会自动显示所选定的摘要，如图2-16所示。

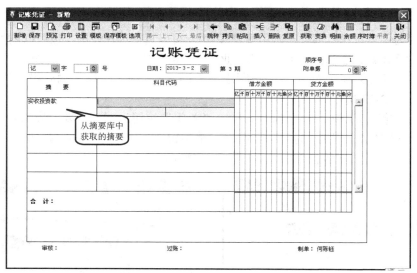

图 2-16

（6）单击"会计科目"栏，按 F7 功能键，系统弹出"会计科目"窗口，选定"银行存款"下的"100201-工行东桥支行125"科目，如图2-17所示。

单击窗口右下角的"确认"按钮或双击鼠标左键，返回"记账凭证"窗口。

> 注：（1）系统已经设置好基础资料，在业务处理时可以通过F7功能键获取，这样能大大提高工作效率，也减少了"死记硬背"基础资料的烦恼。
>
> （2）在"会计科目"窗口中选定科目时，一定要选最明细级科目。如科目代码前有加号代表其下面有明细科目，单击加号可以层层展开。

图 2-17

（7）光标移到"借方金额"处，输入"500000"，如图 2-18 所示。

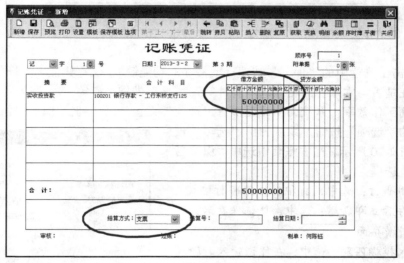

图 2-18

（8）按 Enter 键，光标移到窗口左下角的"结算方式"，选择"支票"。结算号和结算日期可以不输入，视各企业要求而定。

注：（1）如果金额输入错误，可以先删除，之后再重新输入。

（2）若结算方式不是"支票"，可以退出"记账凭证"输入窗口，在图 2-3 中选择"结算方式"选项并增加"结算方式"，再返回输入凭证；也可以在凭证输入完成后，再新增"结算方式"，之后再返回修改凭证。

（3）若某条分录错误，可以将光标移到该分录上，单击工具栏上的"删除（分录）"按钮，删除当前分录。

（9）光标移到第二条分录，在"摘要"栏中输入"实收投资款"，在"会计科目"栏输入"400101 实收资本-陈友生"，在"贷方金额"栏输入"500000"，如图 2-19 所示。

注： 借贷平衡的快捷键为 Ctrl+F7。

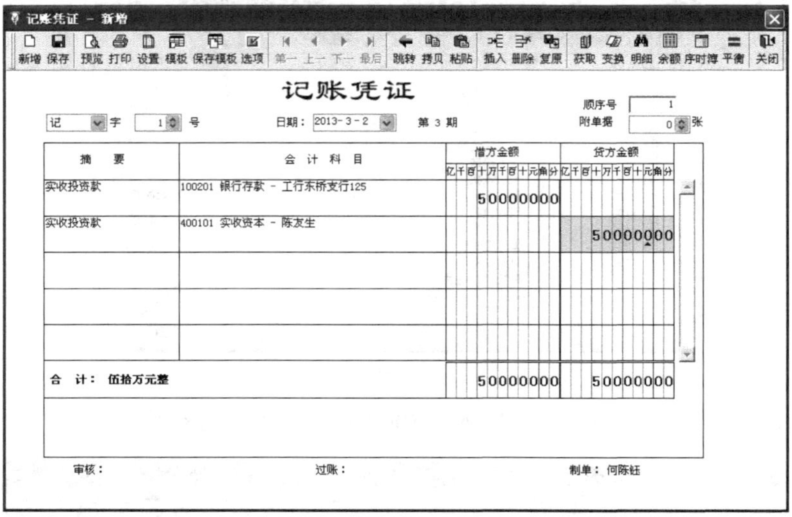

图 2-19

（10）单击工具栏中的"保存"按钮（或按 F8 功能键），保存凭证。凭证保存前系统会检查当前凭证是否与本账套的相应选项有冲突，如是否借贷平衡等。

为了提高工作效率，系统为用户提供有"选项"设置，以达到快速输入凭证的目的。单击工具栏上的"选项"按钮，系统弹出"选项"设置窗口，如图 2-20 所示。在本账套中选中"保存后立即新增"复选框。

● **使用套打**：选中，打印时使用套打格式。

● **保存后立即新增**：选中，凭证保存后，立即进入凭证新增界面。

● **输入模糊匹配**：选中，在凭证输入时输入部分代码或科目名称，系统自动以下拉形式显示科目列表。

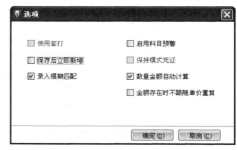

图 2-20

● **启用科目预警**：若事先在"系统维护"模块的"科目预警设置"功能中进行了预警条件的设置，则在凭证输入或凭证修改窗口输入或修改时，如果输入或修改的分录与凭证相关控制有冲突，系统及时报警提示。

● **保持模式凭证**：选中，对当前凭证所启用的模式保持不变，不作修改。

● **数量金额自动计算**：选中，在凭证中输入数量和单价后，系统自动计算出金额填入金额栏。

2. 核算项目凭证输入

核算项目凭证是指所处理凭证中的会计科目设置有项目核算属性，输入该类凭证时要正确选择"核算项目代码"。根据表 2-4 和表 2-5 中的数据输入核算项目凭证，具体步骤如下：

（1）打开"记账凭证"输入窗口，日期修改为"2013-3-4"，凭证字、凭证号、顺序号等采用默认值。

（2）第一条分录"摘要"栏中输入"收到货款"（或用 F7 键获取摘要），"会计科目"栏中输入"100101"，"借方金额"栏中输入"8600"。

（3）在第二条分录"摘要"栏中同样输入"收到货款"，在"会计科目"栏中输入"1122"科目，如图 2-21 所示。

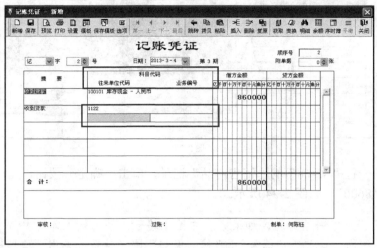

图 2-21

注： "应收账款"科目下挂核算项目为"往来单位"，因此当前分录的输入格式也随之改变。在第一行输入"会计科目"，在第二行左列输入"往来单位代码"，在第二行右列输入"业务编号"。

（4）光标移到第二行的左列"往来单位代码"，按 F7 功能键获取资料，系统弹出"核算项目"下的"往来单位"窗口，如图 2-22 所示。

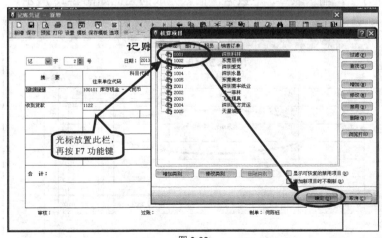

图 2-22

（5）选择"深圳科林"，单击"确定"按钮，光标移到分录第二行右列"业务编号"，按 F7 功能键，系统弹出"应收账款"业务资料窗口，如图 2-23 所示。

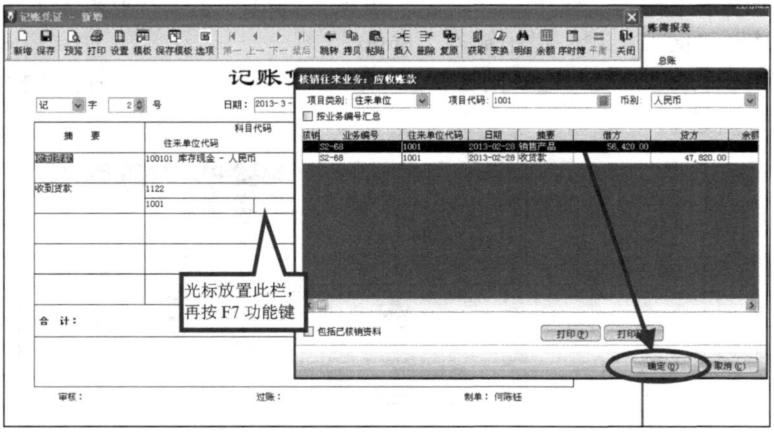

图 2-23

（6）选择第一行"S2-68"的"销售产品"记录，单击"确定"按钮，光标移到"贷方金额"栏，输入"8600"，如图 2-24 所示。

注：（1）选择"业务编号"时，如果系统内无此编号，手工输入即可。
（2）若系统内有该"业务编号"，当按"保存"按钮时系统弹出"信息提示"对话框，如图 2-25 所示，单击"是"按钮即可。
（3）录完"业务编号"按下 Enter 键时，注意"会计科目"整栏格式的变化，它会自动显示为"1122-1001 应收账款－（往来单位）深圳科林 S2-68"。这样所设置的核算项目功能启用，"应收账款"下就不必再设明细科目，直接用"核算项目"功能就可以完成明细功能，并且还没有对明细数量的限制，希望读者多体会"核算项目"功能。

（7）单击"保存"按钮，保存凭证。
（8）按同样方法，输入表 2-5 中数据，输入完成的凭证如图 2-26 所示。

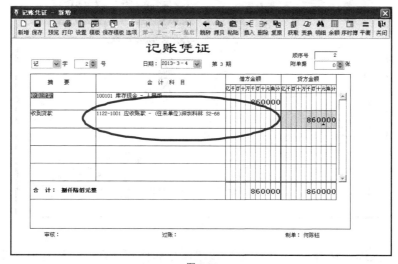

图 2-24

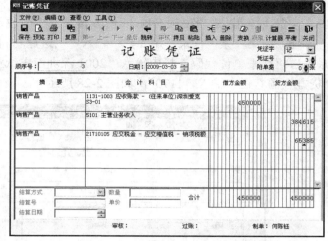

图 2-25   图 2-26

3. 数量金额式凭证输入

数量金额式凭证是指凭证分录中会计科目属性设有数量金额辅助核算功能，输入该类凭证时要输入单价和数量。根据表 2-6 输入数量金额式凭证，具体步骤如下。

（1）启动"凭证输入"功能，进入"记账凭证"输入窗口，检查日期、凭证字、凭证号是否正确。

（2）在"摘要"栏输入"购进原材料"，在"会计科目"栏输入"14030101 原材料-纸类-坑纸"科目，注意窗口下部的"数量"栏、"单价"栏，其状态处于激活状态，因为当前科目在初始化设置时已经设为"数量金额辅助核算"。

（3）在"数量"栏输入"25"，"单价"栏输入"40"，当前乘积会自动反应到"借方金额"项，如图 2-27 所示。

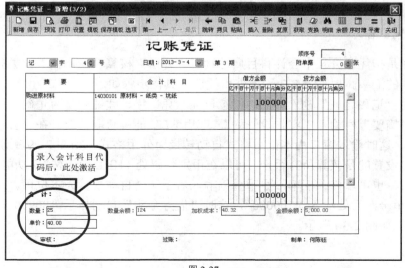

图 2-27

(4) 在第二条分录"摘要"栏中输入"购进原材料","会计科目"栏中输入"22210101 应交税费-增值税-进项税额"项,"借方金额"栏中输入"170"。

(5) 在第三条"分录"摘要栏中输入"购进原材料","会计科目"栏中输入"2202-应付账款","往来单位代码"栏中输入"2001 深圳南丰纸业","业务编号"栏中输入"C3-02","贷方金额"栏中输入"1170",如图 2-28 所示。

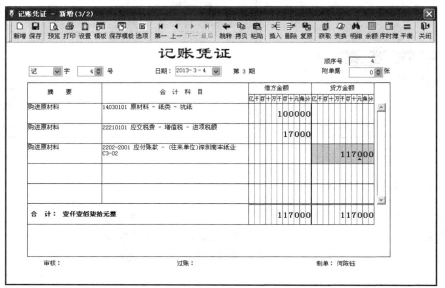

图 2-28

(6) 单击"保存"按钮保存凭证。

注: 在输入数量金额式凭证时,一定要注意同一个会计科目核算不能使用多个计量单位,如某些凭证用"张"核算,而某些凭证用"平方米"核算,这是不正确的,业务处理时一定要换算成标准的计量单位。

4. 外币凭证输入

外币凭证是指凭证分录中会计科目属性设有"外币"核算功能,输入该类凭证时要输入币别和该币别的汇率。根据表 2-7 输入外币凭证,具体步骤如下。

(1) 启动"记账凭证"输入界面,检查日期、凭证字、凭证号是否正确。

(2) 在"摘要"栏输入"实收投资款",或用 F7 功能键获取摘要。在"会计科目"栏输入"100202",这时输入窗口由本位币格式自动转换为外币格式,如图 2-29 所示。

如果用户设置的是核算所有币别,可以在币别代码处(HKD 处)按 F7 功能键获取代码,进行币别切换,也可以修改汇率,原币金额输入后系统会自动换算为本位币。

(3) "原币金额"处输入"100000",这时"借方金额"自动显示"80900","结算方式"选择"支票",如图 2-30 所示。

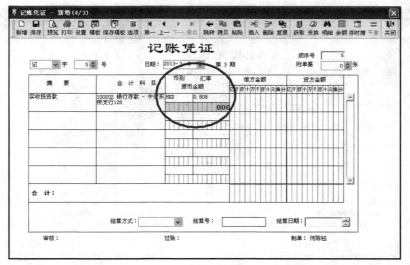

图 2-29

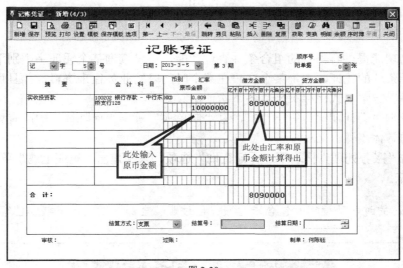

图 2-30

（4）在第二条分录"摘要"栏中输入"实收投资款"，在"会计科目"栏中输入"400102"会计科目代码，"贷方金额"处输入"80900"。

（5）按 F8 功能键保存凭证。输入完成的凭证如图 2-31 所示。

注：输入凭证时的快捷键有

F7 功能键：获取代码。　　　　　Ctrl+F7 功能键：自动借贷平衡。

F8 功能键：保存当前凭证。　　　F11 功能键：计算器功能。

".."（是两个小数点，注意输入法全半角转换）：复制上一分录的摘要。

"//"：当前凭证有多条分录时，只复制第一条分录的摘要。

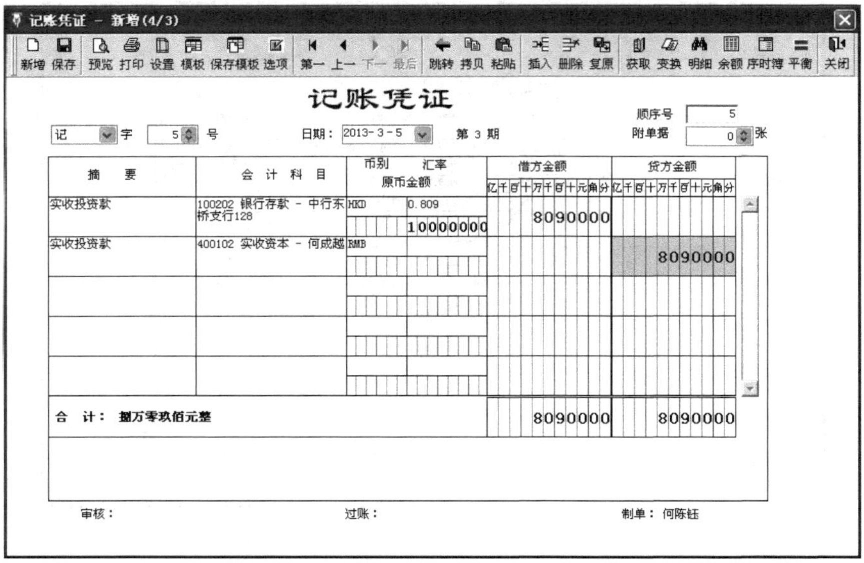

图 2-31

2.1.3 凭证查询

凭证查询功能提供有丰富的组合条件查询功能，可以查询某个凭证字类别下的凭证，查询凭证号等于条件的凭证，查询某个客户在某个时间段的业务往来资料，并且可以将经常使用的过滤条件以方案形式保存下来以备下次使用。

下面以查询"会计期间"等于"3"，且"制单人"等于"何陈钰"的所有凭证为例，介绍查询操作的具体步骤。

（1）单击"账务处理"模块下"凭证查询"选项，系统弹出"凭证过滤"条件设置窗口，如图 2-32 所示。

> **注**：图 2-32 的过账项设定，包含未过账、已过账、全部，以及未审核、已审核、全部的设定。

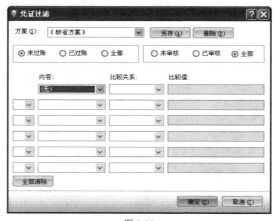

图 2-32

- 方案：是指系统内已经存有的查询过滤条件方案。
- 内容：选择过滤条件项目，如日期、凭证号、会计科目等。
- 比较关系：是判断词，如等于、大于、不等于等。
- 比较值：与内容对应的值，是用户所希望达到的值。
- 全部清除：是将所设定的过滤条件清除，复原到"缺省方案"状态。

（2）内容选定"会计期间"，比较关系选定"等于"，比较值选定"3"。

（3）第二行条件的最左边选定"且"，内容选定"制单人"，比较关系选定"等于"，比较值选定"何陈钰"，过账项选定"全部"，如图 2-33 所示。

图 2-33

（4）单击"确定"按钮，系统会将满足条件的凭证显示在"会计分录序时簿"窗口中，如图 2-34 所示。

> **注**：若当前并没有凭证显示，这是因为用户在设定条件时，没有设定好过账项和审核项；或当前用户没有看到其他用户所做业务的权限。

（5）单击工具栏中的"过滤"按钮，重新设定条件，在过账项选定"已过账"，在审核项选定"已审核"，单击"确定"按钮，系统会重新在"会计分录序时簿"窗口中显示满足条件的凭证。

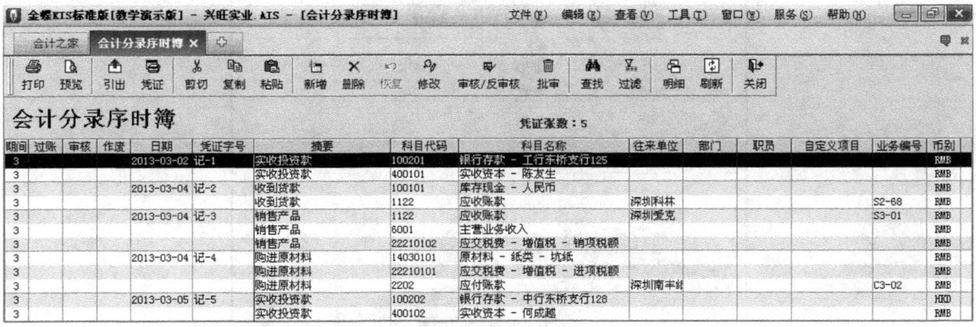

图 2-34

在过账项和审核项下显示"*"表示此凭证已经进行对应处理,未显示"*"则为未进行处理。

若项目下的内容没有完全显示,可以拖动列宽进行调整,如想把日期列缩小,将鼠标指针移到日期与凭证字号之间的竖线上,当鼠标指针由移动箭头变为十字形后,按住鼠标左键拖动至合适位置即可,如图 2-35 所示。

图 2-35

金蝶 KIS 提供有保存查询方案功能,用户可以将经常使用的过滤条件保存为一个"查询方案",待下次应用时选择该"方案名称",就可以查询到自己所需要的凭证。根据表 2-8 建立查询方案并保存,具体步骤如下。

表 2-8　　　　　　　　　　深圳科林查询方案

方案名称	深圳科林
查询条件 1	往来单位代码等于 1001
查询条件 2	会计期间等于 3

(1)单击工具栏中的"过滤"按钮,系统弹出"凭证过滤"窗口。

(2)第一行条件在内容选定"往来单位代码",比较关系选定"等于",在比较值中输入"1001"(或按 F7 功能键进行选定)。

(3)第二行条件在内容选定"会计期间",比较关系选定"等于",在比较值选定"3",如图 2-36 所示。

图 2-36

（4）单击"另存"按钮，系统弹出"保存方案"窗口，方案名修改为"深圳科林"，如图 2-37 所示。

（5）单击"确定"按钮，保存方案，并返回"凭证过滤"窗口，单击"方案"下拉按钮，可以看到目前系统有两个方案，一个是刚才所保存的"深圳科林"方案，另一个是系统默认的"缺省方案"，如图 2-38 所示。

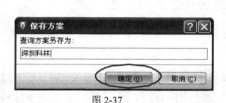

图 2-37

图 2-38

（6）方案选择"深圳科林"，单击"确定"按钮，系统将满足条件的凭证显示出来，如图 2-39 所示。

图 2-39

以后需要有关"深圳科林"的业务凭证时，在"凭证过滤"窗口中选择"深圳科林"方案，即可快速查询到所需要的凭证。

2.1.4 凭证修改、删除

需要修改或删除的凭证一定是未过账或未审核的凭证，如果凭证已经过账或审核，系统会提示要反过账或销账。

修改方法是在"会计分录序时簿"窗口，选中需要修改的凭证，单击工具栏上的"修改"按钮，系统弹出该张凭证的"记账凭证"窗口，在窗口中将要修改的项目修改为正确内容后单击"保存"按钮即可。

删除方法是在"会计分录序时簿"窗口，选中需要删除的凭证，单击工具栏上的"删除"按钮，系统会提示是否删除，单击"确定"按钮。如果删除的凭证是本类凭证字最后一张，系统会直接从序时簿中完全删除。如果是中间某一张，系统会对该凭证加注"X"标记表示"作废"，而不是真正删除。删除已作废凭证，系统提示是否要真正删除该张凭证，确定后，系统将永久删除该凭证。

如果对"作废"凭证重新启用,可单击"编辑"菜单下的"恢复已作废凭证"命令,或者单击工具栏中的"恢复"按钮,如图 2-40 所示。

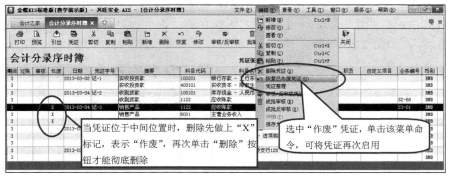

图 2-40

2.1.5 凭证审核

记账凭证是登记账簿的依据,凭证的准确性是财务核算的基础。凭证记账前经专人审核,以发现凭证输入是否有错误。凭证的审核人与制单人不能为同一操作员,是为达到互相检查监督的目的,以保证凭证的正确性。凭证一旦审核,就不能修改或删除,必须经过反审核操作后才能修改或删除凭证。凭证审核方式有单张审核和成批审核两种方式。

注: 为提高工作效率,简化工作流程,系统提供了"未审核"的凭证都能过账的选项设置。单击"系统维护"→"账套选项"选项,系统弹出"账套选项"设置窗口,在"凭证"选项卡中取消选中"凭证过账前必须经过审核"选项,即可达到未审核凭证也可以过账的目的,如图 2-41 所示。

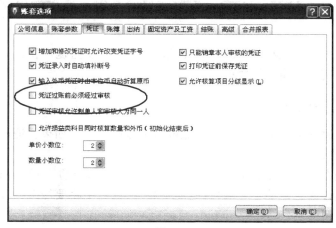

图 2-41

1. 单张审核方式

单张审核方式可以对所审核的每一张凭证再次进行仔细检查,以检查该凭证是否正确,确认无误后即可审核。单张审核的具体步骤如下。

(1) 使用具有审核权限的操作员（如陈静）登录"兴旺实业"账套。
(2) 单击"账务处理"→"凭证审核"选项，系统弹出"凭证过滤"窗口，如图 2-42 所示。

图 2-42

(3) 选中两个"全部"选项，单击"确定"按钮，系统进入"会计分录序时簿"窗口，如图 2-43 所示。

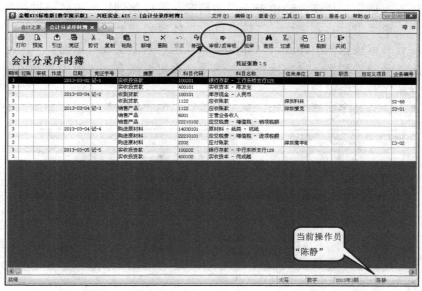

图 2-43

(4) 选中"记-1"号凭证，单击工具栏中的"审核/反审核"按钮，系统弹出"记账凭证"窗口。
(5) 在"记账凭证"窗口，单击工具栏上的"审核/反审核"按钮，这时凭证下方的"审核"处显示"陈静"，表示审核成功，如图 2-44 所示。

<u>取消凭证审核的方法是在"会计分录序时簿"窗口，选中需要取消审核的凭证，单击工具栏上的"审核/反审核"按钮，系统进入"记账凭证"窗口，再单击工具栏中的"审核/反审核"按钮，这时凭证窗口"审核"处显示空白，表示取消审核成功。</u>

图 2-44

2. 成批审核方式

成批审核方式适用于凭证已经检查无误的情况,可以起到快速审核通过的作用。例如:将"兴旺实业"账套中所输入凭证一次性审核,具体步骤如下。

(1) 使用具有审核权限的操作员(如陈静)登录"兴旺实业"账套。

(2) 单击"账务处理"下"凭证审核"选项,设定过滤方案,单击"确定"按钮,系统进入"会计分录序时簿"窗口。

(3) 在"会计分录序时簿"窗口,单击工具栏中的"批审"按钮,如图 2-45 所示。

图 2-45

(4) 系统弹出"信息提示"窗口,如图 2-46 所示,单击"是"按钮。

(5) 完成审核后会弹出"批量审核报告"窗口,如图 2-47 所示。

图 2-46

图 2-47

> **注**：如果审核成功的凭证自动隐藏，则是因为过滤方案中显示条件是"未审核"，单击工具栏上的"过滤"按钮重新设定过滤方案即可。

2.1.6 凭证过账

凭证过账是将已输入的凭证根据其会计科目登记到相关的明细账簿的过程。已经过账的凭证不允许修改，只能采取补充凭证或红字冲销凭证的方式进行更正。因此，在过账前应该对记账凭证的内容仔细审核，系统只能检验记账凭证中的数据关系是否错误，而无法检查业务逻辑关系是否正确。

> **注**：为方便用户对已经过账凭证的修改，金蝶 KIS 系统提供了反过账的功能，快捷键为 Ctrl+F11，反过账、反审核后的凭证才能修改和删除，反过账功能在"会计之家"窗口即可执行。

下面对本账套已经审核的凭证进行过账，操作步骤如下。

（1）单击"账务处理"→"凭证过账"选项，系统弹出"凭证过账"窗口，如图 2-48 所示。

（2）单击"前进"按钮，弹出"凭证号连续性控制"窗口，如图 2-49 所示。

图 2-48

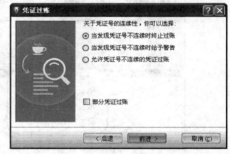

图 2-49

● 当发现凭证号不连续时终止过账：表示需要凭证号调整连续后才能过账。

● 当发现凭证号不连续时给予警告：表示当过账遇到凭证号不连续时弹出信息提示框，问"XX 凭证号不连续，是否继续过账"。

● 允许凭证号不连续的凭证过账：表示凭证号不连续时也可以成功过账。

为满足特殊需要，金蝶 KIS 系统提供了"部分凭证过账"功能，如需要过账某一天的凭证或某用户所作的凭证时，选中"部分凭证过账"选项，单击"前进"按钮，系统弹出"条件过滤"窗口，如图 2-50 所示。

（3）设定好条件后单击"前进"按钮，系统弹出如图 2-51 所示的窗口。

（4）单击"完成"按钮开始过账功能，如果对

图 2-50

某个设置有疑问,可以单击"后退"或"取消"按钮重新设定条件。

(5)过账完成,窗口自动显示过账信息,如图2-52所示。

图2-51

图2-52

(6)单击"完成"按钮,退出过账窗口。单击"账务处理"→"凭证查询"选项,系统弹出"凭证过滤"窗口,选中窗口中的两个"全部"选项,单击"确定"按钮,系统进入"会计分录序时簿"窗口,在"过账"项下已经显示"*",表示该凭证"过账"成功,如图2-53所示。

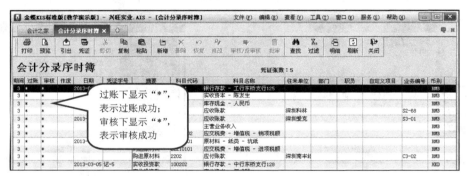
图2-53

2.1.7 凭证打印

凭证正确处理后,可以打印出来,并装订成册以便妥善保管。凭证打印在会计电算化中也是财务业务资料的另一种备份形式。

1. 普通打印

普通打印是指不使用"套打"功能进行凭证输出,在该模式下打印的美观度比不上"套打"模式,具体操作步骤如下。

(1)在"会计分录序时簿"窗口单击工具栏中的"凭证"按钮,或单击"文件"菜单下的"打印凭证"命令,如图2-54所示。系统弹出"打印记账凭证"窗口,如图2-55所示。

● 打印:表示打印格式已经设定好,可以将当前"会计分录序时簿"窗口中的凭证打印出来。

● 打印预览:对所设定打印格式进行显示,看是否满意。

- 打印设置：对格式进行重新设定。
- 套打凭证：利用设定好的套打格式进行打印。
- 本位币格式：以本位币格式打印。
- 外币格式：以外币格式打印。
- 自动识别：根据会计科目是否具有核算外币功能进行相应币别格式打印。

（2）由于是第一次使用打印功能，必须先进行打印设置。单击"打印设置"按钮，系统进入"单据打印格式"设置窗口，如图 2-56 所示。

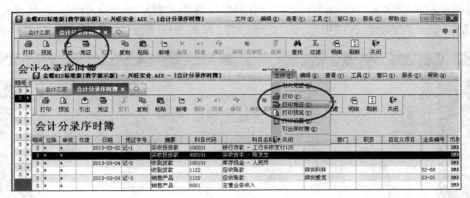

图 2-54

图 2-55

图 2-56

- 在"常规"选项卡中可以设置是否打印外币、是否打印数量以及科目级次等。科目级次设定为"1"表示只打印1级科目，设定为"3"表示打印1~3级科目名称，如果用户想打印明细，建议选最大数字。
- 在"尺寸"选项卡中可以定义打印尺寸、行高以及每张可以打印的分录数。
- 在"地区设置"选项卡中可以设置打印格式，如使用深圳地区标准格式凭证。

（3）在此暂不设置，单击"确认"按钮返回"打印记账凭证"窗口，选中"自动识别"

选项，单击"打印预览"按钮，查看打印格式，此时会发现凭证右边的部分内容显示在纸张之外，这是当前预览的纸张设置不对所致（大部分初始设置为 A4），如图 2-57 所示。

先设定纸张大小，具体步骤如下。

① 单击"开始"菜单"设置"下的"打印机和传真"选项，如图 2-58 所示。

② 系统弹出"打印机和传真"窗口，选中使用的打印机名称，再单击"文件"菜单下的"服务器属性"命令，如图 2-59 所示。

③ 系统弹出"打印服务器属性"窗口，选中"创建新格式"选项，将"宽度"修改为"24cm"，"高度"修改为"12cm"（此数值由用户所使用的打印纸张大小设定，此种格式纸张在文具店有售），"表格名"栏中输入"凭证纸"，如图 2-60 所示。

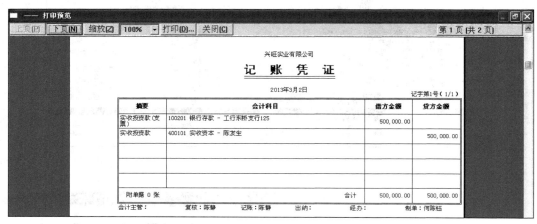

图 2-57

图 2-58

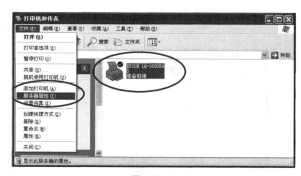

图 2-59

④ 单击"保存格式"按钮保存所设置的格式，单击"关闭"按钮退出窗口。

⑤ 返回金蝶 KIS 标准版，进入"会计分录序时簿"窗口，单击工具栏上的"凭证"按钮，系统弹出"打印记账凭证"窗口，单击"打印设置"按钮，系统进入"单据打印格式"窗口，单击"打印机设置"按钮，系统弹出"打印设置"窗口，选择刚才设置的打印机，纸张大小处选定前面所自定义纸张"凭证纸"，如图 2-61 所示，其他选项自行设定，单击"确定"按钮退出"打印设置"窗口。

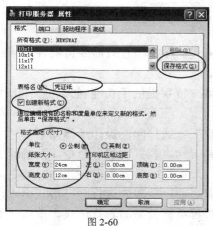

图 2-60

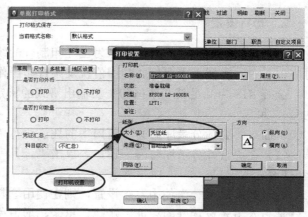

图 2-61

⑥ 单击"确认"按钮保存设置,返回"打印记账凭证"窗口。
(4) 单击"打印预览"按钮进入"打印预览"窗口,预览效果如图 2-62 所示。

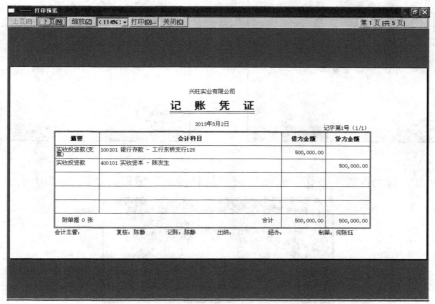

图 2-62

在预览窗口中查看纸张大小是否满意,如果不满意可以按以上步骤重新设定。
(5) 打印,建议先放一张纸,看效果是否与预览一样,如果满意再多放纸打印。
如果本位币使用一种格式,外币使用一种格式,数量使用另一种格式时,可以设定好一种格式后单击图 2-61 中的"新增"按钮保存格式。当要打印某种格式时首先使用过滤功能,将相应的凭证显示出来再单击"凭证"按钮打印。

注:在"会计分录序时簿"窗口中启用凭证打印功能时,系统只会将所显示的凭证打印,这间接满足打印格式变化的需求。

2. 套打设置

套打是指用户使用的打印纸张为已经印制好的统一格式，在打印时只需要将内容打印在对应项目中，类似于支票打印和增值税发票打印操作。

金蝶 KIS 为满足某些单据和账表输出格式的特定需要，特别提供了功能强大、操作方便的套打功能。

下面对"会计分录序时簿"窗口中的凭证进行"套打"方式打印，操作步骤如下。

（1）在"会计分录序时簿"窗口，单击"工具"菜单下的"套打设置"命令，系统弹出"套打设置"窗口，如图 2-63 所示。

（2）如果是第一次使用套打设置，则在使用套打设置之前，需要先进行套打格式引入，也就是引入事先设置好的凭证、账簿、总账、增值税发票等单据类型的套打格式。单击"引入"选项卡，切换到"引入"窗口，如图 2-64 所示。

图 2-63

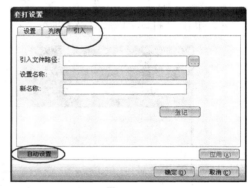
图 2-64

（3）单击"自动设置"按钮，系统弹出"信息提示"窗口，如图 2-65 所示。

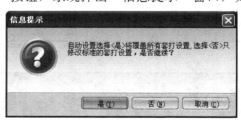
图 2-65

（4）由于是初次使用套打功能，在此单击"是"按钮，稍后系统弹出"自动设置成功"信息，单击"确定"按钮，系统返回"套打设置"窗口，在"对应套打设置"下可以看到引入成功的套打文件，如图 2-66 所示。

选择正确的套打格式后，单击"应用"按钮，则打印输出按照该格式进行打印。

① 左右偏移量：调整打印位置，正数表示向右移动，负数表示向左移动。
② 上下偏移量：调整打印位置，正数表示向下移动，负数表示向上移动。
③ 打印表格：是否打印出表格线（红色表格线）。
④ 使用套打：是否使用套打功能。

（5）如选中"（激光）记账凭证 KP-J101.ndf"格式，单击"应用"按钮应用设置，如图 2-67 所示。

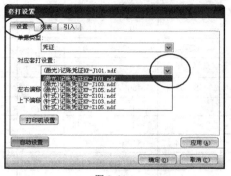
图 2-66

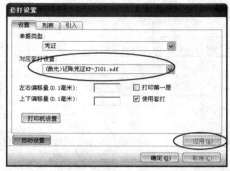
图 2-67

（6）单击"确定"按钮返回"会计分录序时簿"窗口，单击工具栏上的"凭证"按钮，系统弹出"打印记账凭证"窗口，选中"套打凭证"选项，如图 2-68 所示。

（7）单击"打印预览"按钮，系统进入印览窗口，如图 2-69 所示。

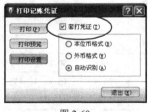
图 2-68

图 2-69

由于套打格式通常要经过打印输出后才能看到实际效果，若选择的套打格式文件不能满足打印需求，则返回"套打设置"窗口重新选择格式文件，若所有格式都不能满足，那么只有进行套打设计新的文件。

注：使用正版金蝶软件，并且购买金蝶公司的专用套打纸张后，金蝶软件公司会有专人为用户解决打印时遇到的问题。

2.2 实例练习

以"何陈钰"为制单人，输入表 2-9 中的数据，再由"陈静"进行凭证审核和过账。

表 2-9　　　　　　　　　凭证练习

日期	凭证号	摘要	科目代码	核算项目	业务编号	借方	贷方	数量	单价
2013-03-06	记-6	应付货款	2202	深圳南丰纸业	C2-81	11000	0		
		应付货款	100101			0	11000		
2013-03-07	记-7	应付货款	2202	专一菲林	C2-82	3200	0		
		应付货款	100101			0	3200		
2013-03-07	记-8	销售产品	1122	深圳科林	S3-03	4800	0		
		销售产品	6001			0	4102.56		
		销售产品	22210102			0	697.44		
2013-03-07	记-9	销售产品	1122	东莞丽明	S3-04	5600	0		
		销售产品	6001			0	4786.32		
		销售产品	22210102			0	813.68		
2013-03-07	记-10	收货款	100201			20000	0		
		收货款	1131	东莞丽明	S2-69	0	18800		
		收货款	1131	东莞丽明	S3-04	0	1200		
2013-03-08	记-11	购进原材料	14030102			3500	0	20.00	175.00
		购进原材料	22210101			595			
		购进原材料	2202	深圳南丰纸业	C3-05	0	4095		
2013-03-11	记-12	购进原材料	14030101			410	0	10.00	41.00
		购进原材料	22210101			69.7	0		
		购进原材料	2202	深圳南丰纸业	C3-06	0	479.7		
2013-03-11	记-13	购进原材料	14030201			492	0	12.00	41.00
		购进原材料	22210101			83.64	0		
		购进原材料	2202	天星油墨	C3-07	0	575.64		
2013-03-11	记-14	制作菲林费	510106			150	0		
		制作菲林费	2202	专一菲林	C3-08	0	150		
2013-03-12	记-15	生产领料	50010101			6388			
		生产领料	14030101			0	2000	50.00	40.00
		生产领料	14030102			0	2625	15.00	175.00
		生产领料	14030201			0	1763	43.00	41.00

2.3　账簿报表

金蝶 KIS 的"账簿报表"包括各种类型的财务报表。用户还可以定制各种财务报表，为企业的财务分析工作提供快速、准确的支持。

2.3.1　总账

利用"总账"功能可以查询科目的本期借方发生额、本期贷方发生额、本年借方累计、本年贷方累计、期初余额、期末余额等项目数据。

（1）单击"账务处理"→"总账"选项，系统弹出"总账"查询条件过滤窗口，如图 2-70 所示。

第 2 天　凭证处理和账簿查询

图 2-70

- 会计期间：设置要查询什么期间内的总账数据。
- 科目级别：设置要显示到多少级别的总账数据。
- 包括核算项目：选中，若当前科目设置有核算项目，同时显示核算项目总账数据；反之，不显示核算项目总账数据。
- 币别：有本位币、外币、综合本位币和所有币别多栏式供选择。
- 会计科目范围：设置只查询一定科目代码范围内的总账数据。默认为空值时，查询所有数据。
- 包括未过账凭证：选中，未过账的凭证数据也显示；反之，不显示。
- 无发生额不显示：选中，期间范围内未发生业务的科目总账不显示；反之，都显示。
- 打印"承前页/过次页"：选中，打印时若有多页，同时打印"承前页/过次页"字样，如图 2-71 所示。

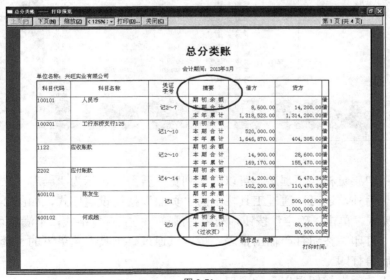

图 2-71

● 按科目分页打印：选中，则打印时每一科目数据打印在一页上；反之，所有科目数据根据纸张大小能打印多少就打印多少。

● 按科目分页显示：选中，显示总账数据时，每一科目显示一页，须通过工具栏上的"第一"、"上一"、"下一"、"最末"按钮查看其他科目数据，如图2-72所示。反之，所有科目数据显示在一起。

图 2-72

（2）单击"确定"按钮，系统进入"总账"报表窗口，如图2-73所示。

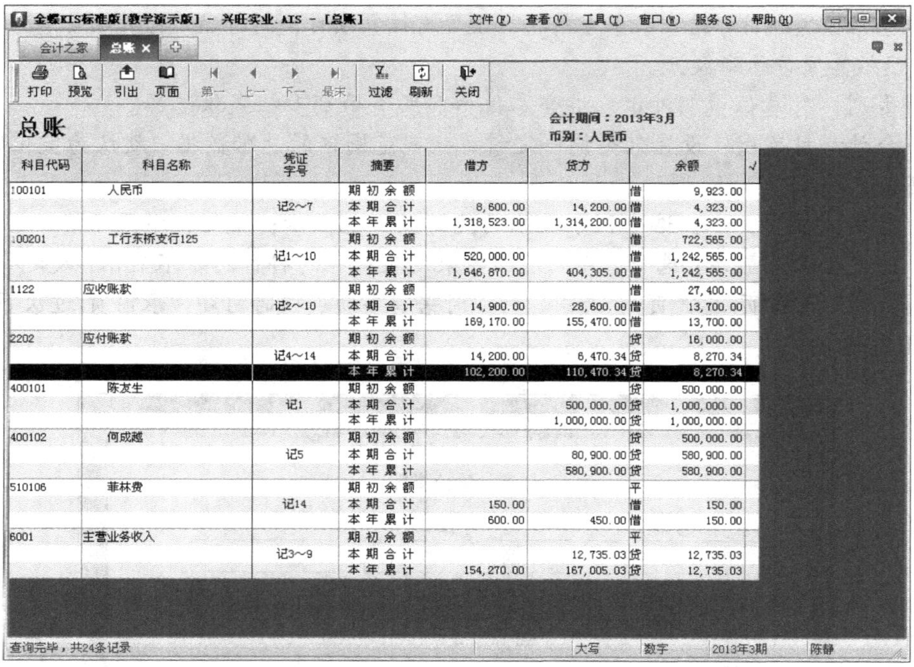

图 2-73

（3）如果用户感觉格式不理想，可以调整列宽，若数据显示为"###"，表示列宽太窄，重新调整即可。另外，还可以通过工具栏上的"页面"按钮设定格式，如图2-74所示。

（4）设置完成，单击"确定"按钮，利用"预览"功能查看格式，不满意可以继续调整。

（5）单击"打印"按钮打印输出报表，也可以通过"工具"菜单下的"套打设置"命令设定格式，然后再打印。

（6）单击"关闭"按钮退出查询窗口。

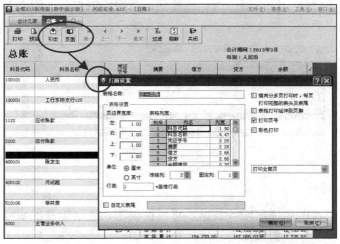

图 2-74

2.3.2 数量金额总账

利用"数量金额总账"可以查询设有数量金额核算科目的期初结存、本期收入、本期支出、本年累计收入、本年累计支出、期末结存数量和金额数据。

单击"账务处理"→"数量金额总账"选项,系统弹出"数量金额总账"查询条件设置窗口,如图 2-75 所示,设定方式参见"总账"。

保持默认条件,单击"确定"按钮,系统进入"数量金额总账"窗口,如图 2-76 所示。

图 2-75

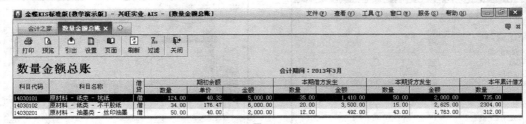

图 2-76

2.3.3 核算项目总账

核算项目总账显示设有核算项目功能的科目下各核算项目的总账数据,主要反映核算项目所涉及科目的借、贷方发生额和余额。

单击"账务处理"→"核算项目总账"选项,系统弹出"核算项目总账"查询条件设置窗口,如图 2-77 所示。

图 2-77

设置完成后单击"确定"按钮进入"核算项目总账"窗口，如图 2-78 所示。用户可以通过"第一"、"上一"、"下一"、"最末"按钮切换不同项目报表。

图 2-78

2.3.4 明细账

明细账反映各科目的明细账账务数据，可以提供三栏式明细账的账务明细数据报表。

单击"账务处理"→"明细账"选项，系统弹出"过滤条件"窗口，如图 2-79 所示。

- 明细科目范围：设置查询明细账时科目代码的起止范围。
- 包括核算项目：选中，以核算项目的明细账输出。
- 非明细科目：明细账输出时，不按照明细科目的方式输出，而是将明细科目中发生的业务全部反映在一级科目下。
- 现金类科目分行显示多个对方科目记录：选定表示现金类科目分行显示，不选定时相同的多个对方会计科目汇总显示。
- 逐笔显示余额：设置在明细分类账中对每条业务分录是否都计算并显示其余额。
- 显示所有科目明细账的对方科目：选中，则所有科目明细账都能显示对方科目。

如果用户只想查询一定条件下的明细账，可以通过"筛选条件"选项卡进行过滤，如图 2-80 所示，操作方法同"凭证查询"。

图 2-79

图 2-80

在此保持默认条件下，单击"确定"按钮，系统进入"明细账"窗口，如图 2-81 所示。

单击"第一"、"上一"、"下一"、"最末"按钮切换到其他科目的明细账查询，双击"明细账"记录可以直接进入"记账凭证"窗口。

图 2-81

2.3.5 数量金额明细账

数量金额明细账可以显示设有数量金额辅助核算科目的明细账财务数据，操作方法参见"明细账"功能。

2.3.6 多栏式明细账

不同企业的科目设置情况不同，金蝶 KIS 标准版中未预设多栏式明细账格式，需要用户自行设定。

下面以设置"营业费用"的多栏式明细账为例，介绍多栏式明细账的设置步骤。

（1）单击"账务处理"→"多栏式明细账"选项，系统弹出"多栏式明细账"窗口，如图 2-82 所示。

● 业务记录集中一行显示：表示在输出多栏式明细账时，系统自动将相同的业务记录合并成一行显示。

● 逐笔显示余额：表示设置在明细分类账中对每条业务分录都计算并显示余额。

● 显示格式：设定数据是以标准式，还是余额式显示。

读者可自行设定"查询条件"、"凭证过滤"、"条件设定"选项卡。

（2）单击"增加"按钮，系统弹出"多栏明细账"设置窗口，如图 2-83 所示。

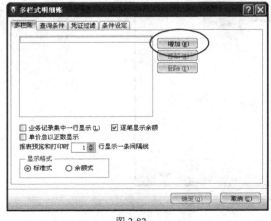

图 2-82

图 2-83

- 多栏账科目：输入需要设置多栏式明细账格式的非明细会计科目代码，按 F7 功能键获取会计科目代码，若选择的科目无明细科目，则无法生成多栏式明细账格式。
- 核算项目类别：有核算项目时使用。
- 科目代码：输入"多栏账科目"的下属明细科目代码。
- 栏目名称：在报表中输出的栏目名称，可采用默认值，也可修改。
- 借方、贷方：设置某一栏目所对应科目中的某方发生额输出到所定义的栏目。
- 自动编排：在"多栏账科目"中输入要设置多栏式明细账的科目代码后，单击"自动编排"按钮，系统即可自动编排生成多栏式明细账格式，这样能极大地提高处理速度。

（3）在"多栏账科目"中输入"5101"，然后单击"自动编排"按钮，系统会自动将明细科目引入，如图 2-84 所示。

（4）单击"确定"按钮，系统弹出"保存多栏账"窗口，可采用默认值，也可以进行修改，如图 2-85 所示。

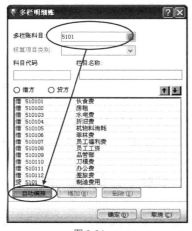

图 2-84

图 2-85

（5）单击"确定"按钮，系统保存后返回到"多栏式明细账"窗口，如图 2-86 所示。

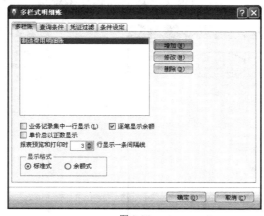

图 2-86

（6）在"多栏式明细账"窗口中单击要查看的表名称，单击"确定"按钮，系统进入"多栏式明细账"窗口,如图 2-87 所示。

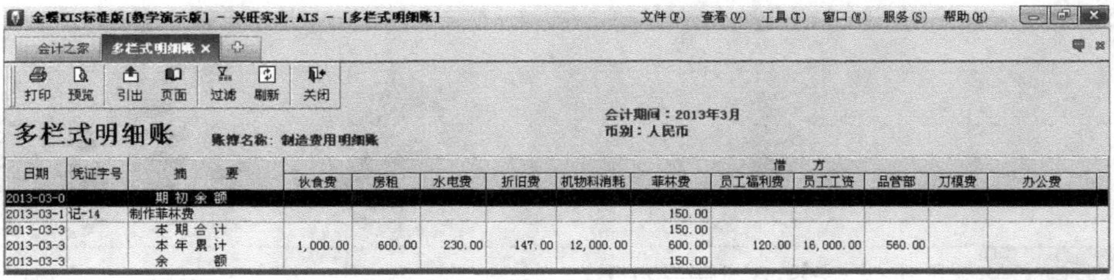

图 2-87

2.3.7 其他常用报表

● 凭证汇总表显示凭证按照指定的范围和条件汇总到一级科目的借贷方发生额。
● 科目日报表显示科目某天的日初余额、本日借贷方发生额、日末余额及业务发生笔数。
● 试算平衡表显示所选期间各科目的期初余额、本期发生额、期末余额数据。
● 科目余额表显示各科目某个会计期间的余额,可以随意设定各种查询条件。
● 核算项目余额表显示会计科目下设有核算项目的明细余额。在设定条件时一定要选定某个会计科目和项目类别。
● 核算项目明细表显示会计科目下设有核算项目功能的各项目明细表。
● 调汇历史记录表显示各个期间期末调汇业务处理的历史记录。
● 对应科目汇总表显示某会计期间现金和银行存款的对方科目借贷方发生额的情况。

注:如果用户在"账簿报表"查询时,对报表的格式还有其他需求,如加上备注等,可以利用"文件"菜单下的"引出"功能,引出为 Excel 或其他数据文件后再进行报表加工。

课后习题

1.修改凭证字的步骤是选择_____中的_____选项。已经使用的凭证能否删除?
2.如何设置系统,才能在输入凭证时随意修改凭证字?
3.输入摘要的两种方法是:_____或_____。
4.F7 键的功能是_____,F8 键的功能是_____。
5.输入凭证时"会计科目"栏中输入的科目一定是_____级科目。
6.复制上一分录摘要的快捷键是_____,借贷平衡的快捷键是_____。
7.输入数量金额辅助核算的科目时其金额是_____和_____的乘积。
8.输入含有外币核算的科目时,其汇率是否修改?
9.凭证审核的方法有_____、_____两种,审核人不能与_____同为一人。
10.凭证必须经过_____后方能过账。不经过审核就能过账的方法是什么?反过账的快捷键是_____。
11.修改已经过账的凭证的方法是什么?
12.账簿报表的格式能否修改?能否引出其他数据库文件?

第 3 天　固定资产管理

学习重点

- 固定资产增加
- 固定资产变动
- 变动资料查询
- 计提折旧工作
- 账簿报表查询

金蝶 KIS 的"固定资产"模块，针对企业所涉及的固定资产设备进行有效管理，对固定资产的增加、减少、变动情况登记在册，每一变动都可以生成凭证传到"账务处理"模块，在月末处理时可以根据固定资产所设定的折旧方法自动计提折旧，生成凭证传到"账务处理"模块。"固定资产"模块还提供各种财务上所需的报表，如固定资产清单、固定资产明细账、折旧费用分配表、变动资料查询等。

在"会计之家"窗口，单击"主功能选项"下的"固定资产"模块，系统切换到"固定资产"处理界面，如图 3-1 所示。

图 3-1

3.1 固定资产增加

在"固定资产增加"业务中,金蝶 KIS 提供有 2 种处理方式,"固定资产卡片单张增加"方式和"固定资产卡片成批输入"方式,表 3-1～表 3-3 所示为要增加的固定资产。

表 3-1　　　　　　　　　新增固定资产"B003 电脑"

基本入账信息		折旧与减值准备信息 1		折旧与减值准备信息 2	
代码	B003	类别	办公设备	币别	人民币
名称	电脑	使用情况	使用中	原值	10000
固定资产科目	160101	使用部门	丝印部	折旧方法	平均年限法
累计折旧科目	1602	折旧费用科目	510104	预计净残值	1000
减值准备科目	1603	减值准备对方科目	6701	从入账日期起预计使用期间数	60
入账日期	2013-03-11				
增加方式	购入				

表 3-2　　　　　　　　　新增固定资产"J002 彩印机"

基本入账信息		折旧与减值准备信息 1		折旧与减值准备信息 2	
代码	J002	类别	机械设备	币别	人民币
名称	彩印机	使用情况	使用中	原值	780000
固定资产科目	160102	使用部门	丝印部	折旧方法	平均年限法
累计折旧科目	1602	折旧费用科目	510104	预计净残值	39000
减值准备科目	1603	减值准备对方科目	6701	从入账日期起预计使用期间数	60
入账日期	2013-03-15				
增加方式	购入				

表 3-3　　　　　　　　　新增固定资产"B004 电脑"

基本入账信息		折旧与减值准备信息 1		折旧与减值准备信息 2	
代码	B004	类别	办公设备	币别	人民币
名称	电脑	使用情况	使用中	原值	6800
固定资产科目	160101	使用部门	财务部	折旧方法	平均年限法
累计折旧科目	1602	折旧费用科目	660206	预计净残值	680
减值准备科目	1603	减值准备对方科目	6701	从入账日期起预计使用期间数	60
入账日期	2013-03-15				
增加方式	购入				

3.1.1　固定资产卡片单张增加

固定资产卡片单张增加是指在业务处理时一次只增加一项固定资产的业务。根据表 3-1 中的数据,以单张新增方式输入固定资产卡片,具体步骤如下。

(1) 在图 3-1 所示界面中,单击"固定资产增加"选项,系统进入"固定资产变动资料"窗口,同时弹出"固定资产增加"窗口,如图 3-2 所示。

图 3-2

在"固定资产变动资料"窗口可以对固定资产的增加、减少或变动业务进行处理。系统进入"固定资产增加"窗口,如图 3-3 所示。

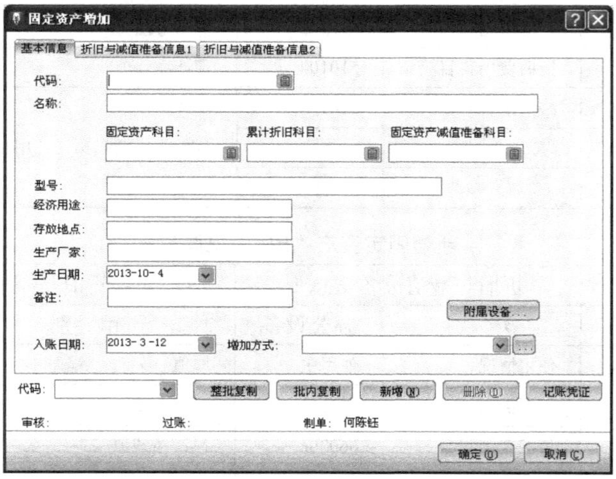

图 3-3

- 整批复制:是指复制该批固定资产资料(包含一个或多个固定资产,但只生成一张固定资产凭证,叫一批固定资产,即成批输入固定资产资料),生成与被复制的固定资产凭证不一样的凭证。
- 批内复制:该批固定资产内部复制,与被复制固定资产一起生成一张固定资产凭证。
- 记账凭证:生成与当前固定资产内容相关的凭证,保存后会传递到账务处理系统。

单击"确定"按钮后系统会检测当前固定资产卡片输入内容是否完整,如果不完整系统会弹出相应的提示;如果完整则保存该固定资产卡片。

"固定资产增加"窗口上的内容与固定资产初始化内容大同小异，不同之处是：
① "折旧与减值准备信息2"选项卡中有"入账以前已开始使用"选项，如图3-4所示。

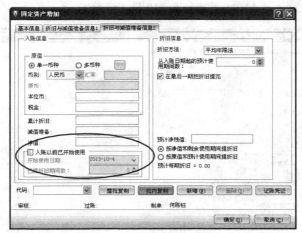

图3-4

勾选后，需输入开始使用日期（此日期需小于入账日期）和已计提折旧的期间。
② 在日常处理中新增的固定资产，系统预设有平均年限法、工作量法、双倍余额递减法、年数总和法4种折旧计算方法，对于每种折旧方法计算折旧时的要素有2个。

● 按净值和剩余使用期间提折旧。一般在找不到原值、原预计使用期间或者企业认为没有必要按该固定资产的原始状态计提折旧的情况下使用。

● 按原值和预计使用期间提折旧。用于新增一个全新的固定资产或增加旧固定资产时按该固定资产的原始状态计提折旧费。

（2）单击"基本信息"选项卡，"代码"栏中输入"B003"，"名称"栏中输入"电脑"，"固定资产科目"栏中输入"160101"科目，"累计折旧科目"栏中输入"1602"科目，"固定资产减值准备科目"栏中输入"1603"科目，"入账日期"修改为"2013-3-11"，"增加方式"选择"购入"方式，型号、经济用途、存放地点等视企业要求而定，如图3-5所示。

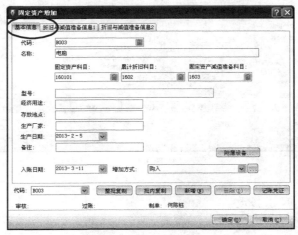

图3-5

（3）单击"折旧与减值准备信息1"选项卡，"类别"选择"办公设备"，"使用情况"选择"使用中"，"使用部门"选择"丝印部"，"减值准备对方科目"栏中输入"6701"科目，"折旧费用科目"栏中输入"510104"科目，如图3-6所示。

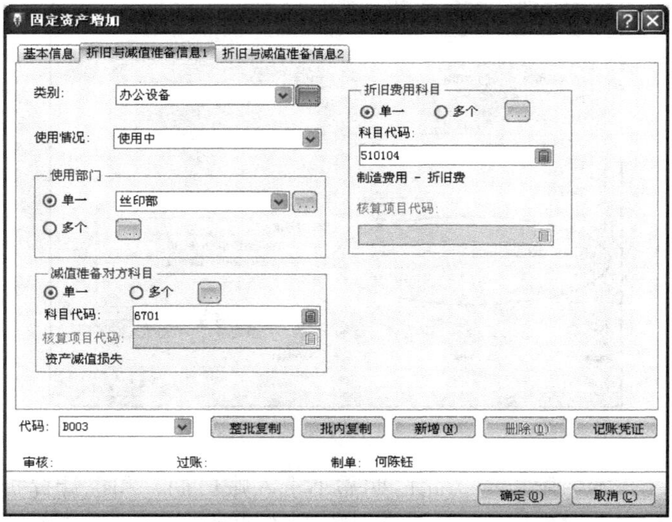

图 3-6

（4）单击"折旧与减值准备信息2"选项卡，"币别"选择"人民币"，"原值—本位币"输入"10000"，"税金"修改为"0"，"折旧方法"选择"平均年限法"，"从入账日期起的预计使用期间数"输入"60"，如图3-7所示。

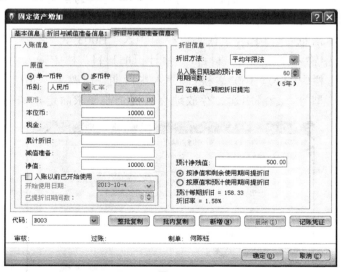

图 3-7

注："预计净残值"可以修改。

（5）单击"确定"按钮，进入"记账凭证"窗口，在第二行分录"摘要"栏输入"购入固定资产","会计科目"获取"100201"科目,"贷方金额"输入"10000",如图 3-8 所示。

(6)单击"保存"按钮保存记账凭证修改,单击"关闭"按钮退出"记账凭证"窗口返回"固定资产增加"窗口。单击"确定"按钮,系统返回"固定资产变动资料"窗口,这时系统会自动将所增加的"固定资产"记录显示在当前窗口中,如图 3-9 所示。若未显示,单击"刷新"按钮即可。

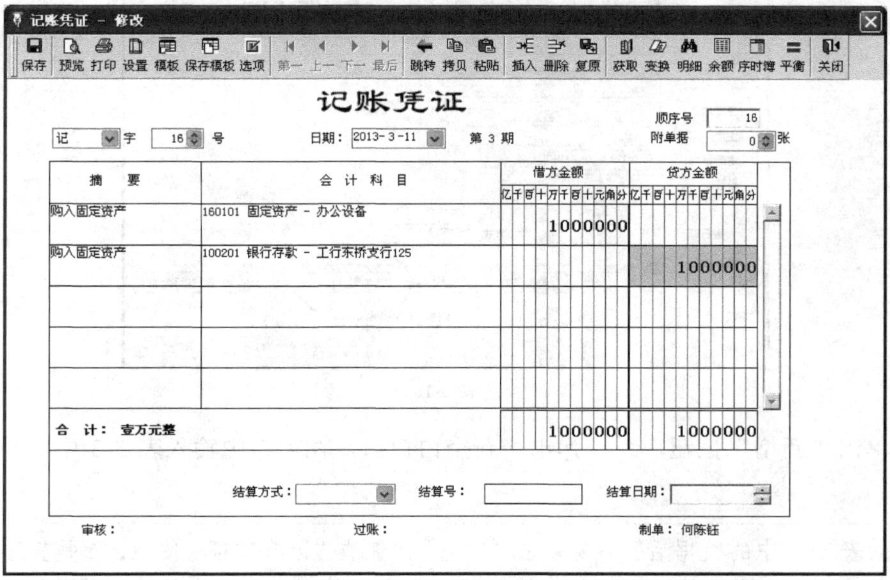

图 3-8

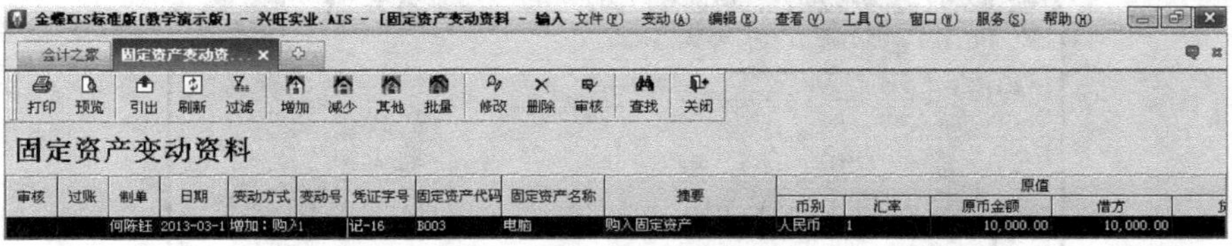

图 3-9

注: 在第(5)步单击"确定"按钮其实是一种变通进入"记账凭证"窗口的方法。用户单击"固定资产增加"窗口上的"记账凭证"按钮,也可以进入"记账凭证"窗口。

若用户要对当前所输入的固定资产资料进行修改或删除,可以选中该行记录,单击工具栏上的相应功能按钮。

3.1.2 固定资产卡片成批输入

固定资产成批输入指一次增加多项"固定资产"卡片,并且使用同一凭证号。成批输入一般是输入多项固定资产卡片后,再进行凭证补充。成批输入表 3-2 和表 3-3 中的数据,具体步骤如下。

（1）在"固定资产变动资料"窗口中单击工具栏上的"增加"按钮，系统弹出"固定资产增加"窗口，输入表 3-2 中的数据，如图 3-10 所示。

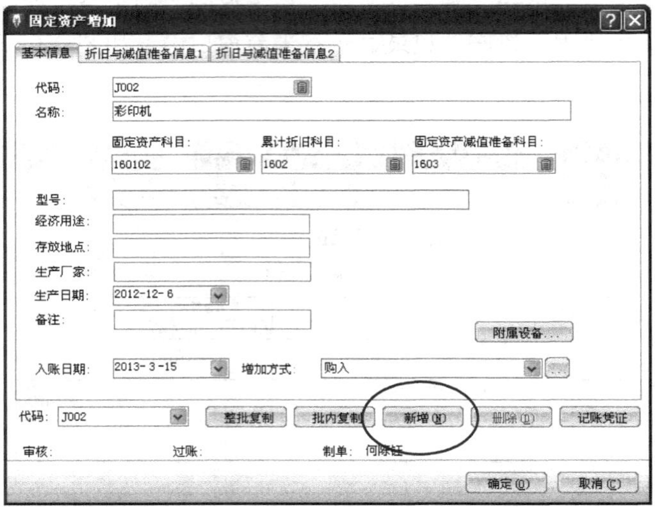

图 3-10

（2）单击"新增"按钮，系统弹出一新空白窗口，在窗口中输入表 3-3 中的数据，如图 3-11 所示。

> **注：** 输入表 3-2 中的数据后，不要单击"确定"按钮或"记账凭证"按钮，而是直接单击"新增"按钮，在弹出的空白窗口中输入下一张卡片数据，这是成批输入的关键点。

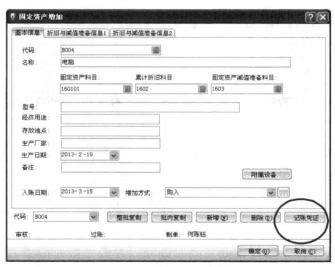

图 3-11

（3）输入完成，单击"记账凭证"按钮，系统弹出"记账凭证"窗口，将凭证补充完整，如图 3-12 所示。

（4）单击"保存"按钮保存凭证，单击"关闭"按钮返回"固定资产增加"窗口。

（5）单击"确定"按钮，保存本批固定资产资料。

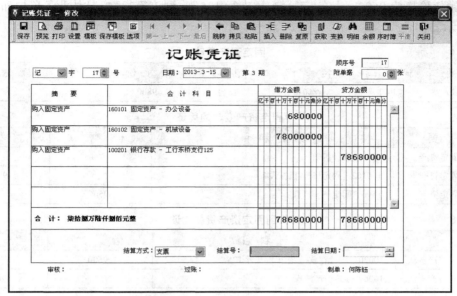

图 3-12

> **注**：当所选定的"固定资产"科目为同一科目时，系统会自动将金额累加起来。读者可以将表 3-3 中的"固定资产科目"改为"160102"，再次进行练习。

3.2 固定资产减少

在"固定资产变动资料"窗口中单击工具栏上的"减少"按钮或选择菜单"变动"→"减少"命令，系统会弹出"固定资产减少"窗口，如图 3-13 所示。

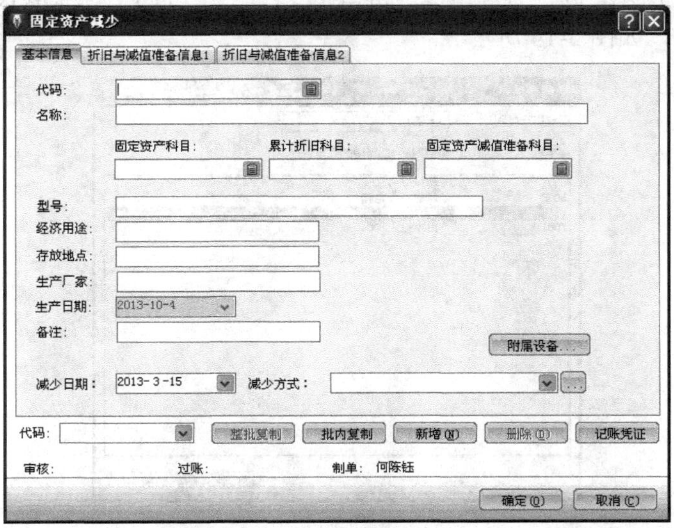

图 3-13

例：2013-3-19 将代码为"J001"的"丝印机"出售，其原价为 9800 元，已经折旧 294 元，实际销售价格为 9600 元，在"工行东桥支行 125"收到该笔货款，具体业务单据如表 3-4～表 3-8 所示。

表 3-4　　　　　　　　　　　　固定资产变动

日期	代码	名称	减少方式	原价	已经折旧	售出价格
2013-3-19	J001	丝印机	出售	9800	294	9600

表 3-5　　　　　　　　　　　　固定资产变动的凭证

摘要	会计科目	借方	贷方
出售固定资产	1602　累计折旧	294	
出售固定资产	160102　固定资产-机械设备		9800
出售固定资产	1606　固定资产清理	9506	

表 3-6　　　　　　　　　　　　收到固定资产货款凭证

摘要	会计科目	借方	贷方
收出售固定资产货款	100201　银行存款-工行东桥支行 125	9600	
收出售固定资产货款	1606　固定资产清理		9600

表 3-7　　　　　　　　　　　　出售固定资产交税金凭证

摘要	会计科目	借方	贷方
出售固定资产应交税金	1606　固定资产清理	480	
出售固定资产应交税金	222103　应交税金-应交营业税		480

表 3-8　　　　　　　　　　　　出售固定资产实现净收益凭证

摘要	会计科目	借方	贷方
结转出售固定资产出现亏损	1606　固定资产清理		386
结转出售固定资产出现亏损	6301　营业外收入	386	

（1）在图 3-13 所示"固定资产减少"窗口中"代码"处按 F7 键获取代码，系统弹出"固定资产"资料窗口，如图 3-14 所示。

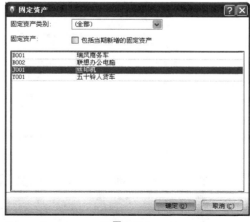

图 3-14

（2）选中"J001 丝印机",单击"确定"按钮,系统返回"固定资产减少"窗口,"减少日期"为"2013-3-19","减少方式"选择"出售",如图 3-15 所示。

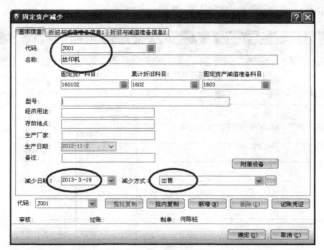

图 3-15

（3）单击"记账凭证"按钮,系统弹出"记账凭证"窗口,按照表 3-5 中的数据输入凭证,如图 3-16 所示。

（4）单击"保存"按钮保存凭证,单击"关闭"按钮返回"固定资产减少"窗口。

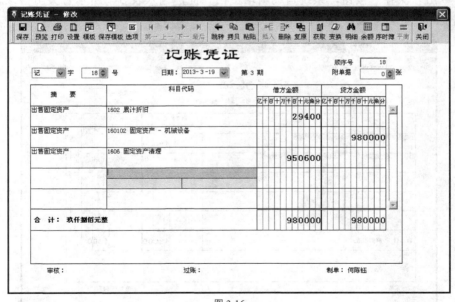

图 3-16

（5）单击"确定"按钮,返回"固定资产变动资料"窗口。

> **注**：现在只完成了固定资产清理工作,而银行业务和结转出售固定资产实现的净利益需要在"账务处理"模块下进行凭证输入。

(6) 单击"固定资产变动资料"窗口中的"关闭"按钮，返回到"会计之家"窗口，选择"账务处理"模块下的"凭证输入"选项，在"记账凭证"窗口中输入有关该笔固定资产的银行存款业务（如表 3-6 所示），如图 3-17 所示。

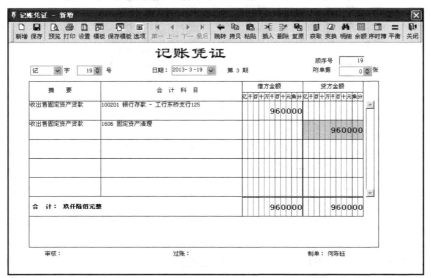

图 3-17

(7) 单击"保存"按钮，系统自动新增空白凭证，输入表 3-7 所示有关出售该笔固定资产应交税金的业务，如图 3-18 所示。

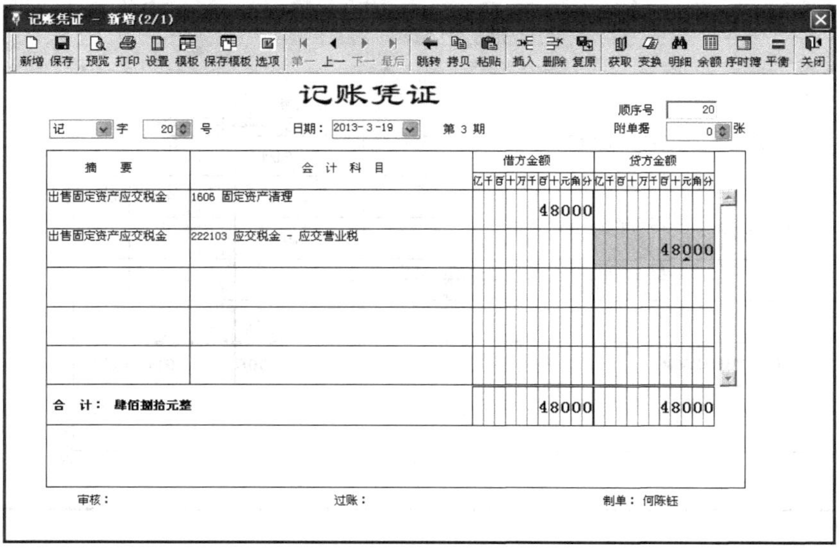

图 3-18

(8) 单击"保存"按钮，系统自动新增空白凭证，输入表 3-8 所示有关该笔固定资产业务的净收益凭证，如图 3-19 所示。单击"保存"按钮保存凭证。

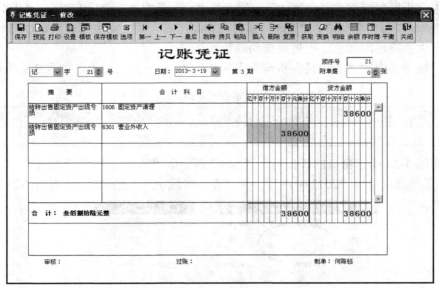

图 3-19

> **注**：完成固定资产减少操作后，要及时处理后面的几张凭证以防止忘记处理相关业务资料，造成账务出错。

3.3 固定资产变动

固定资产变动是指除固定资产增加、减少之外的其他信息变动，如固定资产原值增减、预计使用期间调整、累计折旧调整、预计净残值（率）调整、折旧方法变动、使用情况变动等。

单击"固定资产变动资料"窗口工具栏中的"其他"按钮或单击菜单"变动"→"其他"命令，系统弹出"固定资产其他变动"窗口，如图 3-20 所示。

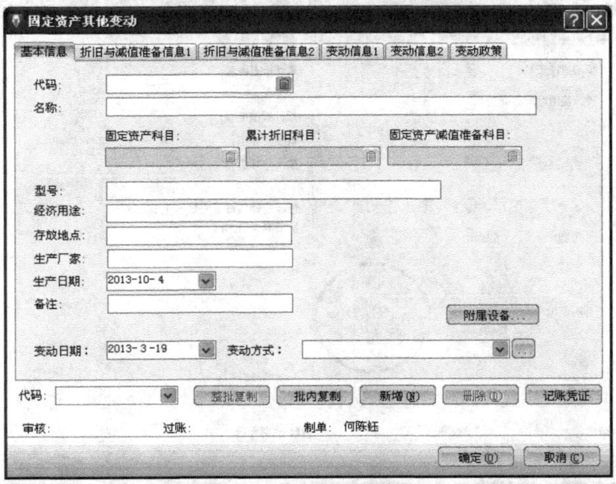

图 3-20

窗口中"折旧与减值准备信息1"选项卡与"变动信息1"选项卡对应,"折旧与减值准备信息2"选项卡与"变动信息2"选项卡对应。固定资产要素发生改变后,对固定资产的折旧计算会产生影响,因此系统提供"变动政策"选项卡。

例:运输设备中的"五十铃人货车"重新估价为10万元人民币,如表3-9所示。

表3-9　　　　　　　　　　固定资产变动

日期	代码	名称	变动方式	原价	现价	原值调整
2013-3-19	Y001	五十铃人货车	其他增加	96000	100000	4000

(1)在图3-20所示窗口的"代码"处按F7键获取"Y001 五十铃人货车"。

(2)"变动日期"为"2013-3-19","变动方式"选中"其他增加",如图3-21所示。

图3-21

(3)单击"变动信息2"选项卡,在"原值调整"下的"本位币"栏中输入"4000",如图3-22所示。

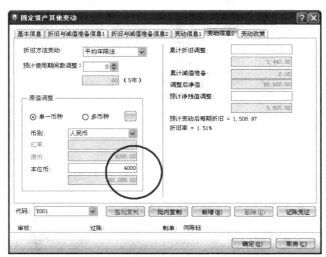

图3-22

（4）单击"记账凭证"按钮，系统弹出"记账凭证"窗口，根据表3-9将凭证补充完整，如图3-23所示。

（5）单击"保存"按钮保存凭证。单击"关闭"按钮，返回"固定资产其他变动"窗口。

（6）单击"确定"按钮，保存变动信息。

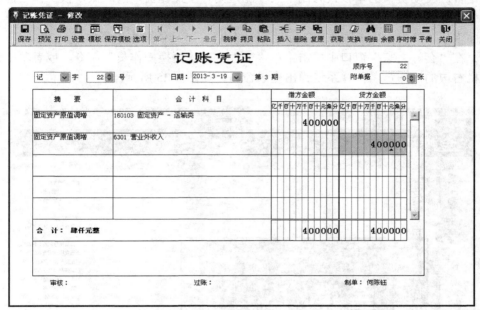

图 3-23

系统还提供"批量变动"功能，单击"固定资产变动资料"窗口工具栏上的"批量"按钮，系统弹出"批量变动向导"窗口，如图3-24所示。

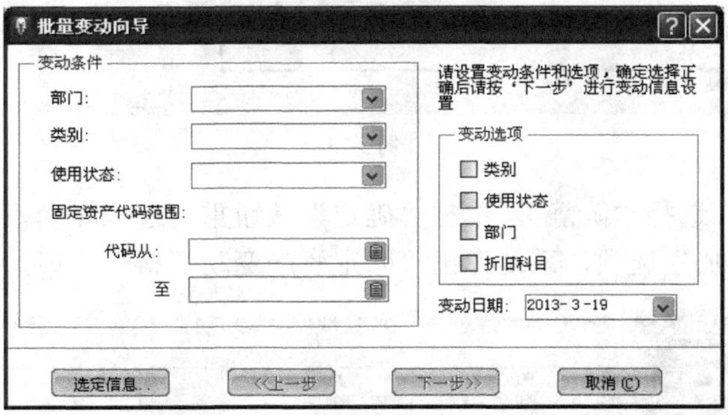

图 3-24

设定"变动条件"和"变动选项"，单击"下一步"按钮，按照系统提示设定即可。

读者可以练习"瑞风商务车"的变动。假设其本月大修处理，使用情况变动为"未使用"，这样在本月计提折旧会没有该项固定资产的折旧费用产生。练习完成后最好将该变动业务删除，否则会影响稍后的计提折旧费的处理。

3.4 变动资料处理

3.4.1 变动资料的审核

固定资产变动资料的审核人与制单人不能是同一个操作员，因此做审核工作之前需将操作员换为"陈静"。

下面审核"2013-03-11"增加的固定资产"电脑"，具体操作步骤如下。

（1）在"会计之家"窗口中单击菜单"文件"→"更换操作员"命令，或者单击窗口下部状态栏右边的操作员名称，系统弹出登录窗口，如图3-25所示。

图 3-25

（2）"用户名称"选择"陈静"，单击"确定"按钮重新进入账套，单击"固定资产"模块下的"固定资产增加"选项，系统弹出"固定资产变动资料"窗口，如图3-26所示。

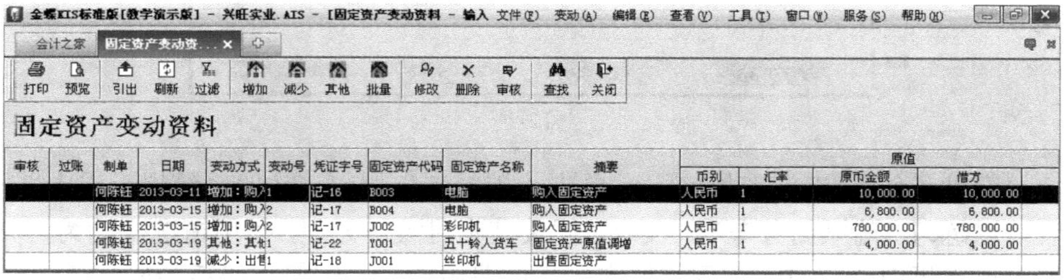

图 3-26

> **注**：进入"固定资产变动资料"窗口要单击"固定资产增加"选项，而不是单击"变动资料查询"选项，这是因为"变动资料查询"只能查询已经过账的"固定资产变动资料"。

（3）选中第一条记录，单击工具栏上的"审核"按钮，系统弹出"固定资产查看"对话框，再单击对话框上的"审核"按钮，这时对话框左下角"审核"处会显示审核员名称，表示审核成功，如图 3-27 所示。

图 3-27

（4）按照上述步骤将剩余固定资产变动资料进行审核。

对已经审核的变动资料销章的方法是，在"固定资产查看"窗口中单击"审核"按钮，这时窗口左下角的"审核"处会自动将审核人员的名称取消，表示取消审核成功。

3.4.2 变动资料的过账

固定资产变动资料的过账方法是单击"账务处理"模块下的"凭证过账"功能，反过账的快捷键是 **Ctrl+F11**。

进行过账时，系统会弹出如图 3-28 所示的"信息提示"对话框。

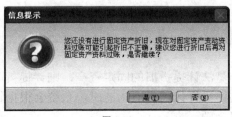

图 3-28

用户确定当前的变动资料后，可以在过账后再进行固定资产的折旧处理，对固定资产折旧的凭证进行过账。

注：过账前必须对未审核的凭证进行审核。

3.4.3 变动资料的查询

单击"固定资产"模块下的"变动资料查询"选项，系统进入"固定资产变动资料"窗口，如图 3-29 所示。

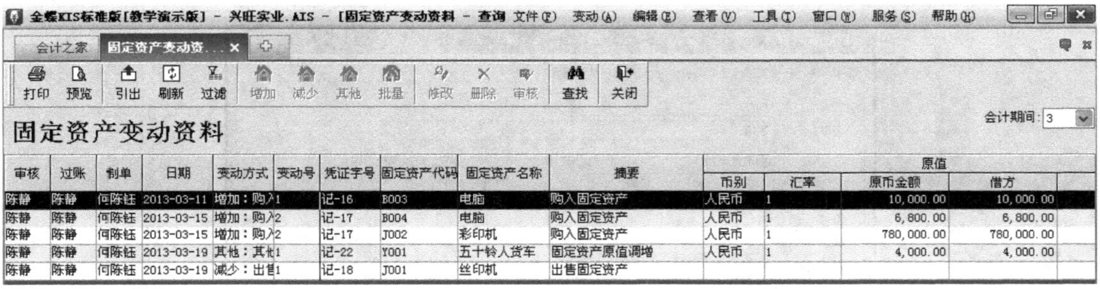

图 3-29

若用户只想查询某类固定资产，或查询某人所做的固定资产变动资料，可以单击工具栏上的"过滤"按钮，此时系统弹出如图 3-30 所示过滤对话框，设置方法与凭证查询类似。

图 3-30

3.5 输入月工作量

如果系统中有使用工作量法计提折旧的固定资产，则计提折旧费用前必须输入该项固定资产本期的实际工作量，这样执行计提折旧功能时，系统会根据输入的月工作量，自动计算该项固定资产当期应提折旧金额。

由于本练习账套中没有使用工作量法计提折旧的固定资产，单击"月工作量输入"选项时，系统会弹出"信息提示"对话框，如图 3-31 所示。

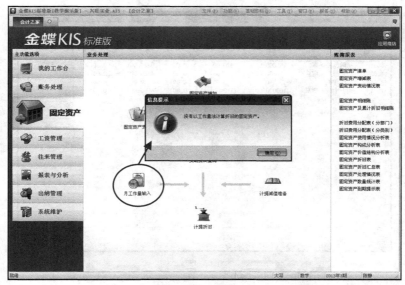

图 3-31

若用户在实际工作中有使用工作量法计提折旧的固定资产,单击"月工作量输入"选项,系统会弹出"工作量输入"对话框,如图 3-32 所示。在对话框中输入实际工作量即可。

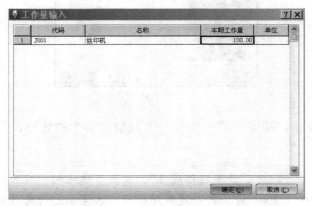

图 3-32

3.6 计提减值准备

计提减值准备是处理固定资产因损坏、技术陈旧或其他经济原因,使其可收回金额低于其账面价值的固定资产减值工作。

在"会计之家"窗口中单击"计提减值准备"选项,系统弹出"计提固定资产减值准备"对话框,如图 3-33 所示。

在"本期计提减值准备"栏中输入固定资产的减值金额,例如"瑞风商务车"减值"1000",之后一定要先单击"保存"按钮,再单击"生成凭证"按钮,此时系统会弹出如图 3-34 所示提示框。

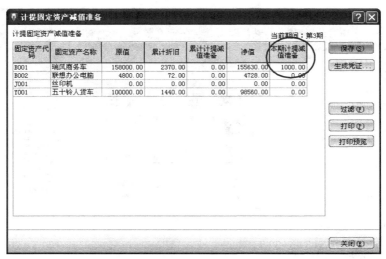

图 3-33

图 3-34

根据系统提示操作，即可生成一张有关"减值准备"的凭证，并传入"账务处理"模块。

注： 如果用户在本期处理过"计提减值准备"，并且生成一张相关的凭证后，还想在本期中再处理"计提减值准备"，则一定要先将第一次生成的有关"计提减值准备"的凭证从系统中删除，方能再进行"计提减值准备"。

3.7 计提折旧

"计提折旧"功能是系统根据每项固定资产所设定的折旧方法、相关的折旧费用科目，自动生成"计提折旧"凭证，并传递到"账务处理"模块。

计提本账套固定资产折旧费用的具体步骤如下。

（1）单击"固定资产"模块下的"计提折旧"选项，系统弹出"计提折旧"对话框，如图 3-35 所示。

（2）单击"前进"按钮，系统弹出如图 3-36 所示对话框，用户可以对"凭证摘要"和"凭证字"进行修改。

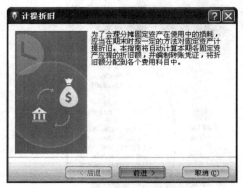
图 3-35

图 3-36

（3）单击"前进"按钮，弹出如图 3-37 所示对话框。

（4）单击"完成"按钮，系统后台运算后弹出如图 3-38 所示"信息提示"对话框。

单击"确定"按钮完成计提折旧工作，如需对"计提折旧"凭证进行查询，可以利用"账务处理"模块下的"凭证查询"选项完成。

图 3-37

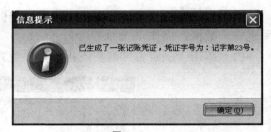
图 3-38

 注：如果用户对"计提折旧"凭证有异议，必须先将计提折旧产生的凭证删除，并回到"固定资产"模块进行相关的变动，之后再计提折旧生成一张新的凭证。

3.8 账簿报表

金蝶 KIS 的"固定资产"模块提供各种有关固定资产的报表，如固定资产清单、固定资产增减表、固定资产变动情况表、固定资产明细账、固定资产及累计折旧明细账、折旧费用分配表（分部门）、折旧费用分配表（分类别）、固定资产使用情况分析表、固定资产构成分析表、固定资产价值结构分析表、固定资产折旧表、固定资产折旧汇总表、固定资产处理情况表、固定资产数量统计表和固定资产到期提示表，如图 3-39 所示。

图 3-39

3.8.1 固定资产清单

固定资产清单是查询目前已经登记在册的固定资产数据，同时也可以查询到"退役"的固定资产数据，操作步骤如下。

（1）单击"固定资产清单"报表，系统弹出"固定资产报表"对话框，如图 3-40 所示。

图 3-40

在"固定资产报表"对话框选取报表名称，设定查询的"会计期间"、"期初"或"期末"等条件。

（2）选中"固定资产清单"报表，其他保持默认条件，单击"确定"按钮，系统进入"固定资产清单"窗口，如图 3-41 所示。

图 3-41

如果账套中固定资产数据较多,用户可以有选择地查询。单击工具栏上的"过滤"按钮,系统会弹出"过滤窗口"对话框,如图 3-42 所示。

(3)选择"文件"菜单下的"打印固定资产卡片"命令,系统弹出"固定资产卡片打印"对话框,如图 3-43 所示。

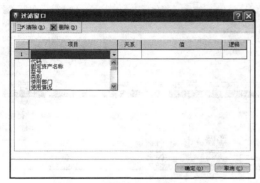

图 3-42

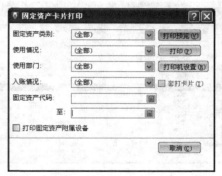

图 3-43

用户可以随意设定需要打印的固定资产资料范围,如某一类别、某一使用情况下的固定资产,勾选"打印固定资产附属设备"选项后,系统还会将该项固定资产下的附属设备内容同时打印出来。打印之前可以通过"打印预览"按钮查看格式,并根据自身的需要调整格式。

3.8.2 固定资产增减表

固定资产增减表显示当前会计期间固定资产的增减情况,如各种增减明细方式的金额、累计折旧金额、累计减值准备金额等内容。

在图 3-40 所示对话框中,选中"固定资产增减表"报表,单击"确定"按钮,系统进入"固定资产增减表"窗口,如图 3-44 所示。

3.8.3 固定资产变动情况表

固定资产变动情况表显示各项固定资产数值变动情况。

在图 3-40 所示对话框中,选中"固定资产变动情况表"报表,单击"确定"按钮,系统进入"固定资产变动情况表"窗口,如图 3-45 所示。

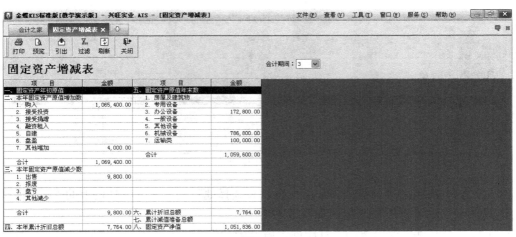

图 3-44

图 3-45

若对报表的格式有特殊要求,可以利用"查看"菜单下的"页面设置"命令,设置列宽、行高、边距,如图 3-46 所示。

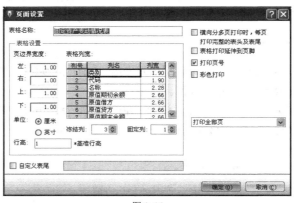

图 3-46

如果页面设置还不能满足特殊要求,可以利用"文件"菜单下的"引出"命令,将报表引出到"Excel 5.0"文件,再利用 Excel 进行格式调整。

其他报表查询方法类似,读者可自行练习。

课后习题

1. 系统默认的固定资产增加方式有_____种,减少方式有_____种,如何管理方式?
2. 如何复制固定资产卡片?
3. 变动资料查询的功能是什么?
4. 计提折旧费用前的准备工作是什么?
5. 已计提折旧时,如何修改"计提折旧"凭证?
6. 如何打印固定资产卡片?

4 day

第 4 天　工资管理

学习重点

- 工资项目设置
- 工资计算方法设置
- 工资数据输入
- 工资费用分配
- 账簿报表

在企业中，工资核算是一项工作量大、准确性高、涉及面广的工作。每月计算工资、编制工资报表会耗费会计人员大量的时间和精力，而使用金蝶 KIS 的"工资管理"模块可减轻工资核算人员的工作量，提高其工作效率。系统可根据输入的原始数据自动计算工资、编制工资报表，并可根据职员类别进行工资费用分配，然后生成凭证传递到"账务处理"模块。

单击"会计之家"窗口中的"工资管理"模块，系统切换到"工资管理"界面，如图 4-1 所示。

图 4-1

4.1 业务处理

业务处理包含职员管理、工资项目设置、工资计算方法设置、工资数据输入和工资费用分配。

4.1.1 职员管理

第一次使用"工资管理"模块时,需要进行"职员管理"操作,设定每一位职员是否需要核算工资,为便于费用分配还可以设置职员分类。兴旺实业公司的职员情况如表 4-1 所示。

表 4-1　　　　　　　　　　　　　　职员类别

代　码	姓　名	部　门	类　别
01	陈友生	总经办	管理人员
02	陈静	财务部	管理人员
03	何陈钰	财务部	管理人员
04	郝达	销售部	管理人员
05	张琴	采购部	管理人员
06	王平	仓库	管理人员
07	李小明	丝印部	计件员工
08	李大明	丝印部	计件员工
09	王长明	品管部	计件员工
10	李闯	运输部	计件员工

(1)在"会计之家"窗口中单击"系统维护"模块下的"核算项目"选项,系统弹出"核算项目"对话框,单击"职员"选项卡,如图 4-2 所示。

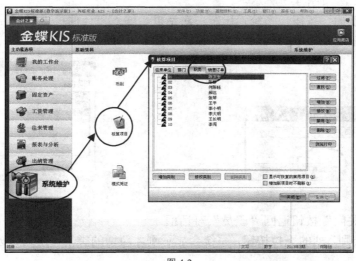

图 4-2

对话框所显示的职员档案是"第一天"课程所增加的,需要进行修改后才能在"工资管理"模块中使用。

（2）选中"陈友生"职员，单击"修改"按钮，系统弹出"职员"信息对话框，如图 4-3 所示。

注意"类别"显示内容，它现在显示的是"不参与工资核算"，表示当前职员不能在"工资管理"模块中处理业务，需要对"类别"进行修改。

（3）单击"类别"右侧的"…"按钮，系统弹出"职员类别"对话框，如图 4-4 所示。

图 4-3

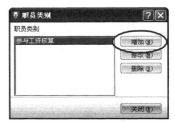

图 4-4

系统已单独预设有"参与工资核算"类别，但不符合本账套练习要求，需要新增类别。

（4）单击"增加"按钮，系统弹出"职员类别"对话框，在"职员类别名称"栏中输入"管理人员"，如图 4-5 所示。

（5）单击"增加"按钮，系统弹出空白对话框，输入"计件员工"，单击"增加"按钮，单击"关闭"按钮返回"职员类别"对话框，如图 4-6 所示。

图 4-5

图 4-6

（6）单击"关闭"按钮返回"职员"对话框。

（7）单击"类别"处的下拉按钮，系统会显示刚才新增的类别，在此处选择"管理人员"，如图 4-7 所示。

职员的银行账号、入职日期、学历等内容，视企业要求而定。

（8）重复上述设置步骤，根据表 4-1 所示内容修改"类别"。

图 4-7

> **注**:"类别"修改完成后一定要单击"确定"按钮。

(9) 单击"核算项目"对话框中的"关闭"按钮,退出"职员管理"操作。

4.1.2 工资项目设置

工资项目是在各工资报表中需要显示的项目,如职员名称、底薪、应发、实发等。设置表 4-2 中的工资项目,具体操作步骤如下。

表 4-2　　　　　　　　　　　　　工资项目

序号	1	2	3	4	5	6	7	8	9
名称	职员代码	职员姓名	底薪	津贴	计件工资	应发	税款	扣款	实发

(1) 单击"工资管理"模块下的"工资项目"选项,系统弹出"工资项目"对话框,如图 4-8 所示。

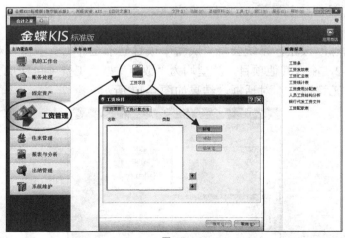

图 4-8

对话框中会显示当前账套已经设定的项目名称,第一次进入系统默认为空白。

(2) 单击"新增"按钮,系统弹出"工资项目"新增对话框,如图 4-9 所示。

（3）单击"名称"下拉按钮，对话框会将该账套内部所预设的项目显示出来，如职员代码、职员姓名等，如图4-10所示。

图 4-9

图 4-10

（4）选中"职员代码"，单击"增加"按钮，在"工资项目"对话框中显示出"职员代码"，如图4-11所示。

（5）利用同样的方法将"职员姓名"增加到"工资项目"对话框中。

（6）当所需要的项目在系统内没有预设时，则可以手工输入。将光标移动到"名称"栏，输入"底薪"，"类型"选中"数值"型，如图4-12所示。

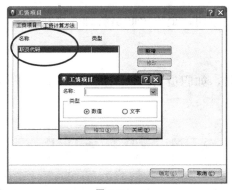
图 4-11

图 4-12

工资项目有两种类型，分别如下。

- 数值型：只能输入数字，可以参加计算。
- 文字型：可以作为逻辑判断的条件，但不能参加数据计算。

（7）单击"增加"按钮，系统会将"底薪"项目显示在"工资项目"对话框。

（8）根据表4-2，输入其他项目，类型均为"数值"型。工资项目增加完成后，单击"关闭"按钮，返回"工资项目"对话框，结果如图4-13所示。

图 4-13

4.1.3 工资计算方法设置

工资项目设置好后,需要设置各项目之间的计算关系。当前账套采用以下 4 种计算方法。
(1) 应发=底薪+津贴+计件工资。
(2) 如果"职员类别"是"管理人员",则津贴=200,如果完。
(3) 如果"职员类别"不是"管理人员",则津贴=100,如果完。
(4) 实发=应发−税款−扣款。

1. 设置第 1 种计算方法

(1) 单击图 4-13 中的"工资计算方法"选项卡,切换到"工资计算方法"设置界面,在"项目"框中双击"应发"项目,系统会将"应发"项目显示在上面的文本框中,如图 4-14 所示。

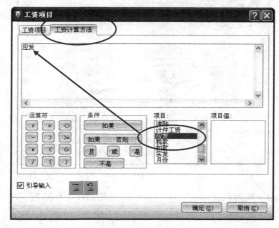

图 4-14

(2) 单击左侧"运算符"下的"="(等于)号,双击"项目"下的"底薪"项目,单击左侧"运算符"下的"+"(加)号,双击"项目"下的"津贴"项目,单击左侧"运算符"下的"+"(加)号,双击"项目"下的"计件工资"项目,结果如图 4-15 所示。

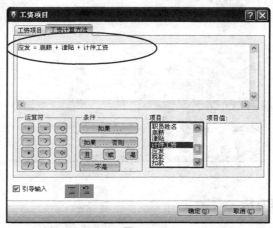

图 4-15

> **注** 如果项目选错，或计算方法设置错误，只需将光标定位到相应的项目后面，用退格键将其删除即可。
>
> 为方便输入，可以勾选对话框下面的"引导输入"选项。

2. 设置第 2 种计算方法

第 2 种计算方法是设置所有"职员类别"等于"管理人员"的津贴值为 200。设置步骤如下。

（1）按回车键进入第二行，单击"条件"下的"如果…"按钮，在上面的文本框中会自动显示"如果…则…如果完"，并且光标显示在"如果"的后面，如图 4-16 所示。

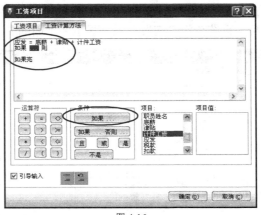

图 4-16

（2）双击"项目"中的"职员类别"，选择"条件"中的"是"，双击"项目值"中的"管理人员"。

（3）光标移动到下一行空白处，双击"项目"中的"津贴"，选择"运算符"中的"="（等于）号，在等于号后输入"200"，结果如图 4-17 所示。

图 4-17

3. 设置第 3 种计算方法

第 3 种计算方法设置所有不是"管理人员"的职员津贴值为 100。设置步骤如下。

(1)将光标移到"如果完"的下一行,单击"条件"下的"如果..."按钮。

(2)光标移到"如果"后面,双击"项目"中的"职员类别",单击"条件"下的"不是",双击"项目值"中的"管理人员"。

(3)光标移动到第二行,双击"项目"中的"津贴",单击"运算符"下的"="号,在等于号后输入"100"。完成设置,结果如图4-18所示。

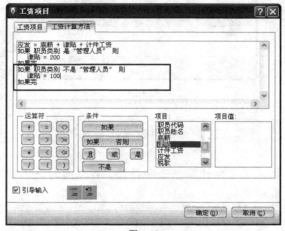

图 4-18

> **注:**"如果...则...如果完"是一个完整的条件语句,千万不要随意在语句中间穿插不完整的语句。

4. 设置第4种计算方法

(1)将光标移到"如果完"的下一行,双击"项目"中的"实发"。

(2)单击"运算符"下的"="号,双击"项目"中的"应发",单击"运算符"下的"-"号,双击"项目"中的"税款",单击"运算符"下的"-"号,双击"项目"中的"扣款",结果如图4-19所示。

图 4-19

计算方法设置完成后，单击对话框中的"确定"按钮，系统弹出如图 4-20 所示的"信息提示"对话框。

单击"是"按钮表示保存改变，单击"否"表示取消刚才所做的改变。

图 4-20

> **注**："税款"项没有设置计算方法，这是因为税款相对而言比较难设置，所以直接手工输入为好。
>
> 如果对当前所设置的项目和计算方法有异议，可以随时进入"工资项目"或"工资计算方法"选项卡重新设置。

4.1.4 工资数据输入

单击"会计之家"窗口中的"工资数据输入"选项，系统弹出"工资数据输入"对话框，如图 4-21 所示。

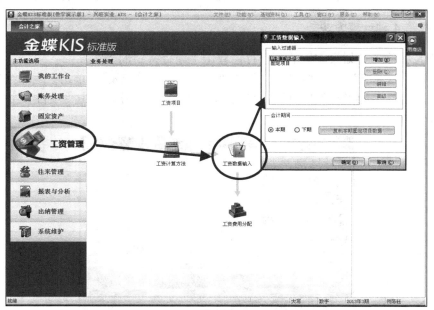

图 4-21

所有工资数据是指显示所有人员、所有项目，固定项目表示每次只显示某些项目内容。
选择"所有工资数据"，单击"确定"按钮，系统进入"工资数据输入"窗口，如图 4-22

所示。

窗口中黄色区域表示系统默认数据，或由相关公式计算而得的数据，白色区域是直接手工输入的数据，如果当前值为空，可以不用输入。

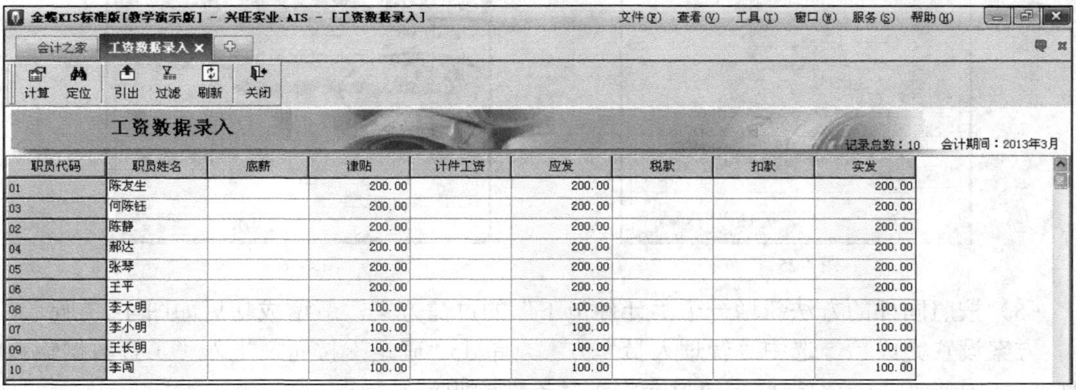

图 4-22

1. 过滤方案设置

有些项目不包含某些职员的数据，如"管理人员"不会有"计件工资"项目，这时可以利用"过滤器"按"职员类别"进行过滤，具体步骤如下。

（1）单击工具栏上的"过滤"按钮，系统弹出"工资数据输入"对话框，如图 4-23 所示。

（2）单击"增加"按钮，系统弹出"输入过滤器"对话框，在"过滤器名"栏中输入"管理人员"，选中除"计件工资"外的其他工资项目，如图 4-24 所示。

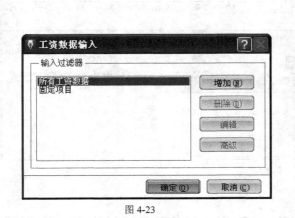

图 4-23 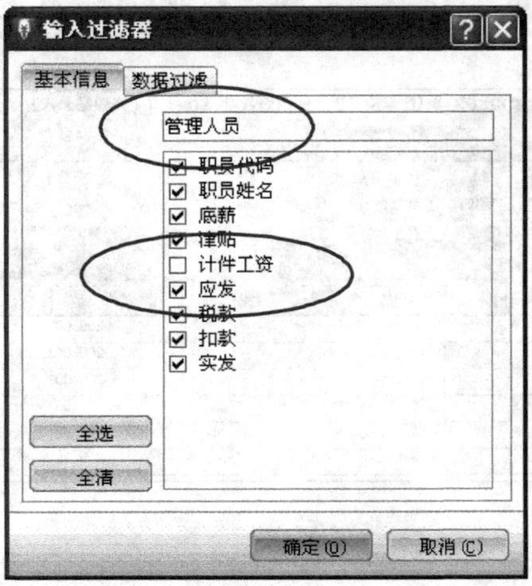　　　　　　　　　　图 4-24

（3）单击"数据过滤"选项卡，设置"职员类别"等于"管理人员"，如图 4-25 所示。

（4）单击"确定"按钮，在"工资数据输入"对话框中会显示刚才设置的方案，如图 4-26 所示。如果需要修改，选中过滤方案后单击"编辑"按钮即可。

图 4-25　　　　　　　　　　　　　　图 4-26

（5）按照同样的方法新增一个"计件员工"的过滤方案，新增成功后如图 4-27 所示。

方案设置完成后，选中"管理人员"方案，单击"确定"按钮，进入"工资数据输入"窗口，如图 4-28 所示，当前窗口只会将满足条件的职员显示出来。

需要在某个项目下输入数据时，将光标移到该位置后直接输入即可。将表 4-3 中的工资数据输入。

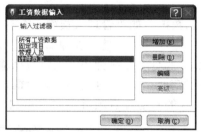

图 4-27

图 4-28

表 4-3　　　　　　　　　　　　　　　　工资数据

职员代码	职员姓名	底薪	津贴	计件工资	应发	税款	扣款	实发
01	陈友生	8000.00	200.00		8200.00	365.00	210.00	7625.00
02	陈静	5000.00	200.00		5200.00	65.00	150.00	4985.00
03	何陈钰	3500.00	200.00		3700.00	6.00	150.00	3544.00
04	郝达	5500.00	200.00		5700.00	115.00	120.00	5465.00

续表

职员代码	职员姓名	底薪	津贴	计件工资	应发	税款	扣款	实发
05	张琴	6000.00	200.00		6200.00	165.00	120.00	5915.00
06	王平	4000.00	200.00		4200.00	21.00	123.00	4056.00
07	李小明	2500.00	100.00	1200.00	3800.00	9.00	56.00	3735.00
08	李大明	2000.00	100.00	1000.00	3100.00		65.00	3035.00
09	王长明	2000.00	100.00	1200.00	3300.00		45.00	3255.00
10	李闻	2300.00	100.00	1100.00	3500.00		56.00	3444.00

2．常用命令

（1）排序。选择"查看"菜单下的"排序"命令，系统弹出"工资排序"对话框，如图4-29所示。

在"工资排序"对话框，用户可以设置按部门代码、职员代码、职员类别或入职日期排序。

（2）职员定位。选择"查看"菜单下的"职员定位"命令，系统弹出"职员定位器"对话框，如图4-30所示。

图4-29

图4-30

在"职员定位器"对话框中，可以按职员代码或职员姓名查询，并可设置搜索范围，以及查找的方向（以当前光标位置为参照）。

（3）计算。单击工具栏上的"计算"按钮，可以将更改后的数据重新进行计算。

4.1.5　工资费用分配

"工资费用分配"是将账套所计算出的工资分配到对应的会计科目，并且自动生成一张凭证传到"账务处理"模块。工资费用的分配以职员类别为依据，因此，要细心设置各职员类别与工资项目对应的费用科目和应付工资科目。

（1）单击"工资管理"模块下的"工资费用分配"选项，系统弹出"工资分配向导"界面，如图4-31所示。

（2）单击"前进"按钮，进行下一界面，如图4-32所示。

操作次序从左到右。单击"职员类别"中的"管理人员"，单击"工资项目"中的"实发"，在"费用科目代码"输入"660201 管理费用-职工薪酬"科目，在"应付工资代码"输入"221101 应付职工薪酬-工资"科目，结果如图4-33所示。

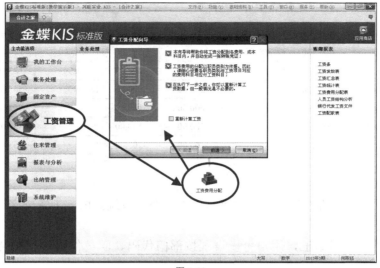

图 4-31

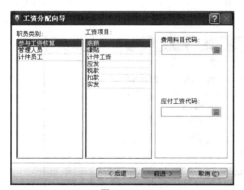

图 4-32

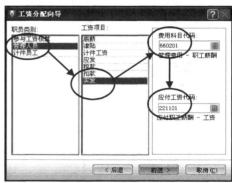

图 4-33

（3）单击"职员类别"中的"计件员工"，单击"工资项目"中的"实发"，在"费用科目代码"输入"510108 制造费用-员工工资"科目，在"应付工资代码"输入"221101 应付职工薪酬-工资"科目，结果如图 4-34 所示。

（4）单击"前进"按钮，进入下一界面，如图 4-35 所示。

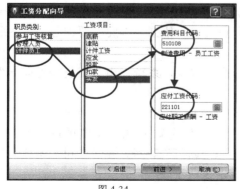

图 4-34

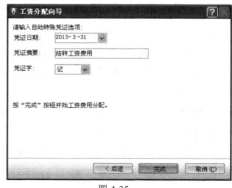

图 4-35

（5）单击"完成"按钮，系统经过后台处理后弹出如图4-36所示"信息提示"对话框。单击"确定"按钮，结束整个费用分配。

图 4-36

若要查询所生成的凭证，可以在"会计之家"窗口中单击"账务处理"模块下的"凭证查询"选项，查询条件为"凭证号等于24"，结果如图4-37所示。

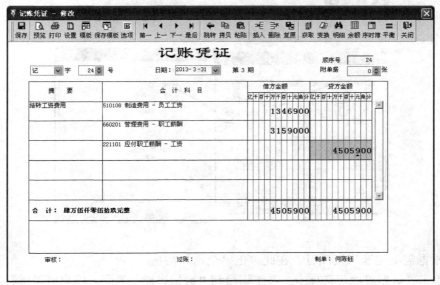

图 4-37

4.2 账簿报表

金蝶 KIS 的"工资管理"模块提供各种报表，如工资条、工资汇总表、人员工资结构分析等。

4.2.1 工资条

单击"工资管理"模块下的"工资条"选项，系统弹出"工资报表输出"对话框，如图4-38所示。

在第一次使用报表时，必须使用"编辑"按钮设置显示项目。

（1）选中"工资条"报表，单击"编辑"按钮，系统弹出"工资报表"项目设置对话框，如图4-39所示。

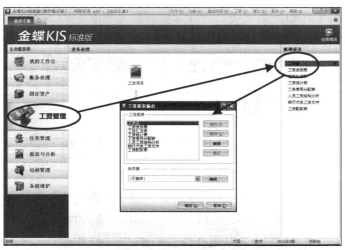

图 4-38

图 4-39

（2）根据需要勾选工资项目。在此单击"全选"按钮。

（3）单击"数据过滤"选项卡，系统切换到"数据过滤"界面，用户可以进行数据筛选，如图 4-40 所示。

（4）条件设置完成后，单击"确定"按钮返回"工资报表输出"对话框。

（5）单击"确定"按钮，系统弹出"工资条打印"对话框，如图 4-41 所示。

图 4-40

图 4-41

（6）调节字体、外观等后，单击"打印预览"按钮，系统进入预览窗口，如图4-42所示。

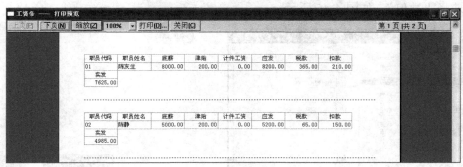

图 4-42

在预览窗口中，可以看到有些项目移动到第二行，这样的格式不美观，调整的方法有两种：第一种是在"打印设置"选项中将纸张方向改为"横向"；第二种是将每个项目之间的列宽进行微观调整，缩小到适当位置即可。

建议在进行以上格式调整时，随时进行打印预览，在格式符合要求后再单击"打印"按钮进行输出。

（7）单击预览窗口中的"关闭"按钮返回"工资条打印"对话框。在"列宽微调"下将"底薪"、"津贴"、"税款"、"扣款"4项的宽度改为"180"，再单击"打印预览"按钮，进入"工资条——打印预览"窗口，如图4-43所示。

图 4-43

（8）单击"关闭"按钮返回"工资条打印"对话框。
（9）单击"打印"按钮，输出工资条。

如果暂时不想输出工资条，可以单击"关闭"按钮，退出"工资条打印"对话框，系统会自动保存刚才设置的格式。

4.2.2 工资发放表

有些公司"工资发放表"中有"签名"一项，而当前账套暂没有设置"签名"项目，所以需要先增加"签名"项目。

1. 新增"签名"项目

（1）单击"工资管理"模块中的"工资项目"选项，系统弹出"工资项目"对话框，如图4-44所示。

（2）单击"新增"按钮，系统弹出"工资项目"新增对话框，在"名称"中输入"签名"，"类型"选择"数值"，如图4-45所示。

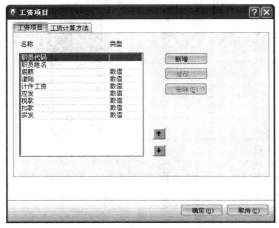

图4-44　　　　　　　　　　　　　　图4-45

（3）单击"增加"按钮，将"签名"项目保存。
（4）单击"关闭"按钮，返回"工资项目"对话框，如图4-46所示。
（5）单击"确定"按钮，返回"会计之家"窗口。

2．查询工资发放表

（1）单击"工资发放表"选项，系统弹出"工资报表输出"对话框，如图4-38所示。
（2）选择"工资发放表"，单击"编辑"按钮，系统弹出"工资报表"项目设置对话框，如图4-47所示。

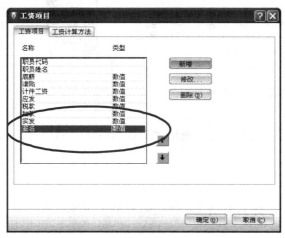 

图4-46　　　　　　　　　　　　　　图4-47

（3）选中所有项目，单击"确定"按钮，返回"工资报表输出"对话框。
（4）单击"确定"按钮，进入"工资发放表"窗口，如图4-48所示。
如果需要查询不同会计期间的报表，可以单击窗口右上角的"会计期间"下拉按钮，选择所需要的期间。

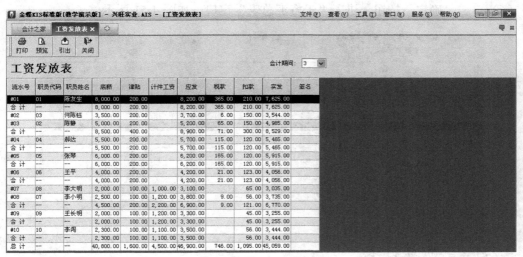

图 4-48

打印时如果对格式不满意，可以通过"查看"菜单下的"页面设置"命令进行格式调整。

4.2.3 工资汇总表

"工资汇总表"显示某个项目下的汇总数据，如部门汇总数据、文化程度汇总数据、职务汇总数据等。

（1）单击"会计之家"对话框中的"工资汇总表"选项，系统弹出"工资报表输出"对话框，如图 4-38 所示。

（2）选中"工资汇总表"，单击"编辑"按钮，系统弹出"工资报表"项目设置对话框。

（3）选中所需要的项目，如图 4-49 所示。

（4）单击"其他选项"选项卡，设置所需的汇总关键字，如部门、性别、职务等项目，设置完第一关键字后，可以再设置第二关键字，如查看不同性别、部门的数据报表等，如图 4-50 所示。

图 4-49

图 4-50

（5）"第一关键字"选择"部门"，单击"确定"按钮，返回"工资报表输出"对话框。
（6）单击"确定"按钮，进入"工资汇总表"窗口，如图4-51所示。

图 4-51

4.2.4 工资统计表

单击"会计之家"窗口中的"工资统计表"选项，系统弹出"工资报表输出"对话框，选中"工资统计表"，单击"编辑"按钮，设置所需项目，单击"确定"按钮，返回"工资报表输出"对话框，再单击"确定"按钮，系统弹出"工资统计表"条件对话框，如图4-52所示。

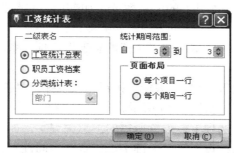

图 4-52

● 工资统计总表：按期间范围统计汇总所有工资项目表。
● 职员工资档案：按职员统计汇总所有工资项目表。
● 分类统计表：按职员所属类别统计汇总所有工资项目表，如部门、职员类别、文化程度等。
● 每个项目一行：每个项目数据单独显示为一行。
● 每个期间一行：每个期间数据单独显示为一行。

选中"职员工资档案"选项，单击"确定"按钮，进入"工资统计表"窗口，如图4-53所示。

单击工具栏中的"第一"、"上一"、"下一"、"最末"按钮切换显示数据。
单击"过滤"按钮，可以重新设置统计报表的条件。

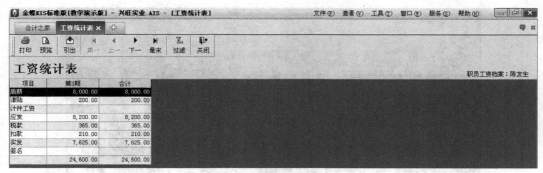

图 4-53

4.2.5 工资费用分配表

单击"会计之家"窗口中的"工资费用分配表"选项，系统弹出"工资报表输出"对话框，选中"工资费用分配表"，单击"确定"按钮，进入"工资费用分配表"窗口，如图 4-54 所示。

图 4-54

4.2.6 人员工资结构分析

单击"会计之家"窗口中的"人员工资结构分析"选项，系统弹出"工资报表输出"对话框，选中"人员工资结构分析"，单击"确定"按钮，进入"人员工资结构分析"窗口，如图 4-55 所示。

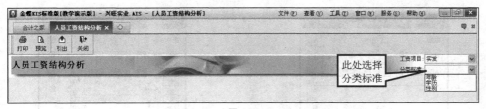

图 4-55

在窗口右上角的"工资项目"框中选择需要分析的工资项目，如"实发"，再选择所需的分类标准，如"性别"，这时系统会自动将分析结果显示出来，如图 4-56 所示。

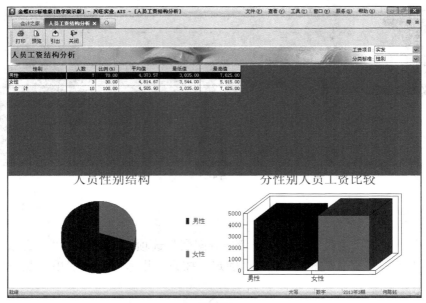

图 4-56

4.2.7 银行代发工资文件

"银行代发工资文件"是将工资数据按银行可接收的格式输出，从而节省企业与银行的沟通时间。查看方法同上。

4.2.8 工资配款表

"工资配款表"统计各部门及单位所需各种面额货币的数量。

（1）单击"会计之家"对话框中的"工资配款表"选项，系统弹出"工资报表输出"对话框。

（2）选中"工资配款表"，单击"编辑"按钮，系统弹出"工资配款"项目设置对话框，如图4-57所示。

（3）"币别"选择"人民币"，"对应工资项目"选择"实发"。

（4）输入所需的项目以及所对应的面值，如图4-58所示。

图 4-57

图 4-58

（5）单击"确定"按钮，返回"工资报表输出"对话框，再单击"确定"按钮，进入"工资配款表"窗口，如图4-59所示。

图 4-59

课后习题

1．在"核算项目"对话框中"职员"选项卡下有某名员工的档案，但是在"工资管理"模块下不能对该员工的工资进行处理，如何解决？

2．在工资数据输入时，窗口中黄色区域表示什么？白色区域表示什么？

3．第一次查看工资报表和以后查看有什么不同？

5 day

第 5 天 往来管理和出纳管理

学习重点

- 往来业务核销
- 往来对账单查询
- 账龄分析
- 合同管理
- 合同报表查询
- 现金日记账
- 现金盘点与对账
- 银行日记账
- 银行对账单
- 银行与存款对账
- 出纳轧账
- 支票管理

5.1 往来管理

日常会计工作中存在着大量的往来业务，金蝶 KIS 的"往来管理"模块就是针对企业往来业务数据进行管理，其功能主要包括往来业务核销、往来对账单查询、合同管理、账龄分析、合同报表查询等。

单击"会计之家"窗口中的"往来管理"模块，系统切换到"往来管理"界面，如图 5-1 所示。

图 5-1

5.1.1 业务处理

业务处理包括往来业务核销、往来对账单查询以及合同管理。

1. 往来业务核销

"核销往来业务"功能处理往来单位金额的借、贷之间核销关系,用户可以及时知道往来单位哪些业务已经核销完成,哪些业务未核销,从而形成一份对账单数据。

在使用"核销往来业务"功能时需注意以下两点:

(1)往来"会计科目"的属性中要勾选"往来业务核算"选项,并且在录入往来业务凭证时要录入"业务编号",因为系统是根据同一业务编号、不同借贷方向进行核销处理。

(2)往来业务核算的凭证应已经过账。

下面以核销"应收账款"下"深圳科林"公司的业务资料为例,介绍核销往来业务的具体操作步骤。

(1)单击"往来管理"模块中的"核销往来业务"选项,系统弹出"核销往来业务"对话框,在"会计科目"栏中输入"1122"科目,也可以单击"获取"按钮获取科目,此时,"项目类别"自动激活,这是因为当前科目设置了核算项目为"往来单位","项目代码"栏中输入"1001",如图 5-2 所示。

图 5-2

(2)单击"确定"按钮,系统进入"核销往来业务:应收账款"窗口,如图 5-3 所示。

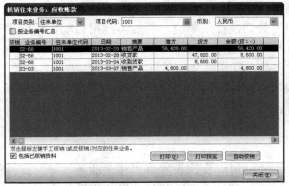

图 5-3

- 项目类别：当前会计科目所核算的项目类别名称，如往来单位或部门等。
- 项目代码：核算项目代码，按F7功能键可以获取代码。
- 币别：显示不同币别之间的业务资料。
- 按业务编号汇总：若选中，业务编号名称相同的业务资料显示在一组之中；若未选中，则根据业务时间排序。
- 包括已核销资料：若选中，则显示当前往来单位已核销的业务资料；若未选中，则只显示当前往来单位未核销的业务资料。
- 自动核销：系统会自动寻找出核销资料，如根据业务编号相同且金额方向相反等条件进行核销后，并在核销项下显示"*"，表示核销操作完成。
- 手工核销：有些业务数据无法自动核销时，可以双击鼠标选中需要核销的业务资料，之后会在核销项下显示"*"，表示已经进行核销处理。
- 取消核销：有时为了某些需要要求取消已经核销数据的"核销"标记，方法是双击已经核销的业务资料，之后不会在核销项下显示"*"，表示取消核销成功。

（3）为使数据显示通俗易懂，建议选中"按业务编号汇总"选项，再单击"自动核销"按钮，此时系统会将满足核销条件的业务资料打上核销标记"*"，如图5-4所示。

图5-4

系统不能自动核销的往来业务资料，可采用手工核销的方式进行核销。方法很简单，只要双击要核销的某笔往来业务资料即可，核销后可在"核销"栏中看到"*"。同样，双击已核销的资料可再次取消核销。

（4）在"项目代码"处切换往来单位，然后再利用自动核销或手工核销等方式对其他往来单位的业务资料进行核销处理。

如果需要对"应付账款"或其他会计科目中设有"往来业务核算"的业务资料进行核销，则要通过"往来管理"模块中的"核销往来业务"功能重新获取科目后才能进行核销操作（即在图5-2中设置不同科目）。

2. 往来对账单查询

利用"往来对账单"功能可以查询设置有"往来业务核算"属性的会计科目明细账，以便会计能对往来业务数据进行有效管理，其具体操作步骤如下。

（1）单击"往来管理"模块下的"往来对账单"选项，系统弹出"往来对账单"对话框，如图 5-5 所示。

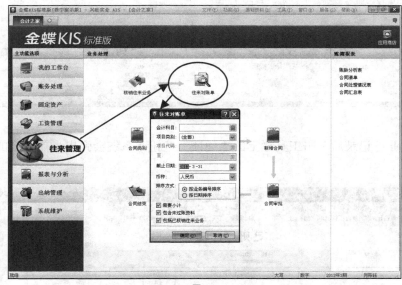

图 5-5

● 会计科目：输入需要查询对账单的会计科目代码，如果会计科目代码为空值，则查询所有下设往来业务核算的会计科目。

● 项目类别：输入需要查询的当前科目下的核算项目类别代码。

● 项目代码起止范围：设置需要查询对账单的核算项目代码起止范围，系统只显示范围内的往来业务资料。

● 截止日期：查询到该日期为止的往来核算业务对账单资料。

● 币种：查询何种币别的往来业务对账单数据。

● 按业务编号排序：选中此项，表示对账单资料以编号方式排序。

● 按日期排序：选中此项，表示对账单以日期方式排序。

● 需要小计：如果选中"按业务编号排序"的同时选中此项，则在查询时显示业务编号的小计，以便于借、贷方的金额对账。

● 包含未过账资料：选中此项，表示查询的业务资料包含未过账资料数据。

● 包括已核销往来业务：选中此项，表示查询的往来对账单中包含已经核销完毕的往来业务资料。

（2）以上选项都采用系统默认值，单击"确定"按钮，系统进入"往来对账单"窗口，如图 5-6 所示。

在"往来对账单"窗口，可以查询到业务资料所涉及的方向、金额、余额、账龄等资料，并且可以打印当前报表。若对报表格式有特殊要求，可以通过"文件"菜单下的"引出"命令，将报表引出为其他格式文件后再进行修改处理。

（3）单击图 5-6 所示的记录移动器，或选择"查看"菜单下的"第一个科目"、"上一个科目"、"下一个科目"、"最后一个科目"按钮，查看其他科目和往来单位的往来对账单数据。

图 5-6

（4）选中业务记录后单击工具栏上的"凭证"按钮，系统会弹出当前记录的凭证，如图 5-7 所示。

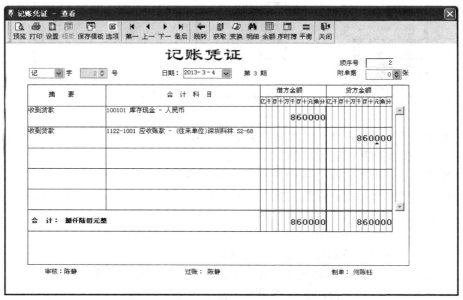

图 5-7

3. 合同管理

合同与往来业务联系紧密，如采购合同、销售合同等，合同管理包括合同内容管理、合同兑现管理、合同结束管理以及查询各种合同报表的功能。

注：合同管理中所涉及的凭证资料，可以直接在"账务处理"模块下的"凭证录入"中录入，同时可以在"核销往来业务"和"往来对账单"中处理。合同管理是否启用视客户的要求而定。

（1）合同类别设置

"合同类别"功能用于对账套中的合同进行分类，方便了合同管理。根据表 5-1 增加合同类别，具体操作步骤如下。

表 5-1　　　　　　　　　　　　　　合同类别

名　　称	合同兑现科目
销售合同	1122-应收账款
采购合同	2202-应付账款

① 单击"往来管理"模块中的"合同类别"选项,系统弹出"合同类别"管理对话框,如图 5-8 所示。用户可在此增加、修改和删除合同类别。

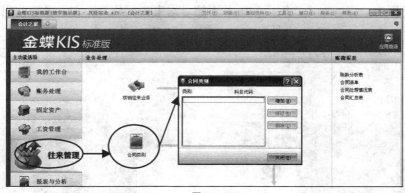

图 5-8

② 单击"增加"按钮,系统弹出"类别"对话框,如图 5-9 所示。

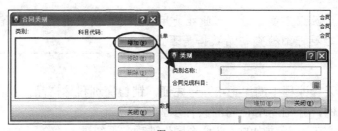

图 5-9

③ 在"类别名称"栏中输入"销售合同",单击"合同兑现科目"栏右侧的按钮获取科目代码"1122-应收账款",设置完成后单击"增加"按钮。

④ 系统弹出一空白"类别"对话框,在"类别名称"栏中输入"采购合同",单击"合同兑现科目"栏右侧的按钮获取科目代码"2202-应付账款",设置完成后单击"增加"按钮。

⑤ 单击"关闭"按钮,返回"合同类别"对话框,结果如图 5-10 所示。

图 5-10

⑥ 单击"关闭"按钮返回"会计之家"窗口。

(2) 录入历史合同数据

"历史合同数据录入"功能用来处理初始数据资料,包括初始化合同录入、初始化兑现信息录入、审核初始化合同、结束初始化工作等。

单击"往来管理"模块中的"历史合同数据录入"选项,系统进入"合同序时簿"窗口,如图 5-11 所示。

图 5-11

当前的历史资料处理方法与后面的合同处理方法基本相同,具体操作在下一小节讲解。本账套默认无历史数据,单击"编辑"菜单下的"结束初始化"命令,系统弹出"信息提示"对话框,如图 5-12 所示。单击"是"按钮,结束初始化工作。

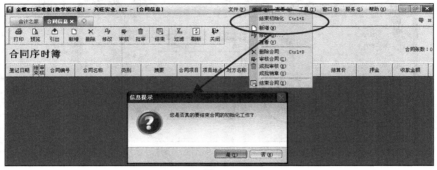

图 5-12

> **注**:初始化结束后数据不能修改,因此在使用"历史合同数据录入"功能之前要进行账套备份;录入时要仔细检查初始数据是否正确。

(3)新增合同

下面以"第二天"课程中的"记-8"号凭证,销售深圳科林产品,业务编号为"S3-03",金额为"4800"为例,介绍新增合同的具体步骤。

① 单击"往来管理"模块中的"新增合同"选项,系统进入"合同单据"窗口,如图 5-13 所示。

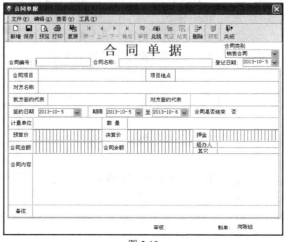

图 5-13

② 选择"合同类别"为"销售合同",在"合同编号"中录入"S3-03",在"合同名称"中录入"销售产品",修改"登记日期"为"2013-3-3"。

③ 在"合同项目"中录入"销售深圳科林产品","项目地点"中录入"兴旺公司","对方名称"中录入"深圳科林","我方签约代表"处按F7键获取代码,录入"郝达"名称,"对方签约代表"处录入"科林"。

④ "签约日期"修改为"2013-3-3","期限"修改为"2013-3-3"至"2013-3-31"。

⑤ "合同总额"录入"4800","经办人"录入"郝达"。

⑥ "合同内容"和"备注"视用户要求而录入,录入完成后的界面如图5-14所示。

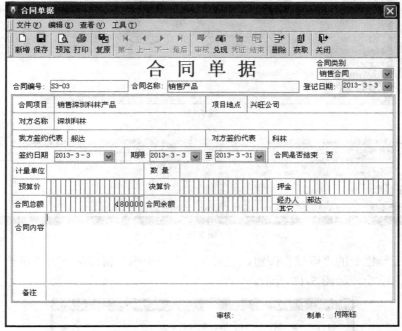

图 5-14

⑦ 单击"保存"按钮保存合同,单击"关闭"按钮退出"合同单据"窗口。

若需要查询或修改刚才所建立的合同资料,可单击"合同查询及兑现"选项。

（4）合同审批

合同新增后需经过审批方为有效。进行合同审批时需要注意,审核与制单不能同为一个人。下面以审批上一节的合同为例,介绍合同审批的步骤。

① 更换操作员。在"会计之家"窗口,单击"文件"菜单下的"更换操作员"命令,系统弹出登录窗口,使用"陈静"登录。

② 单击"往来管理"模块中的"合同审批"选项,系统弹出"合同查找"过滤对话框,如图5-15所示。

③ 用户可以在"过滤条件"选项卡中任意设置查找条件。在此采用默认值,查找所有合同,单击"确定"按钮,系统弹出"合同序时簿"窗口,如图5-16所示。

④ 选中第一条业务记录,单击工具栏上的"审核"按钮,系统弹出"合同单据"窗口。

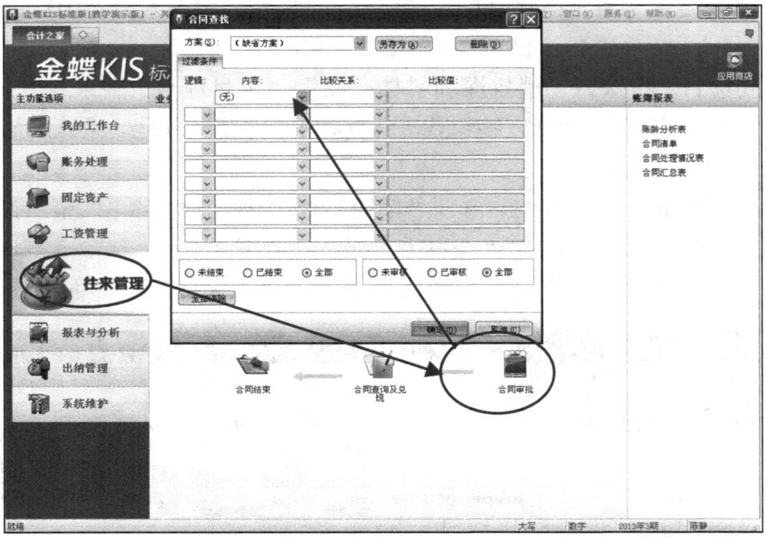

图 5-15

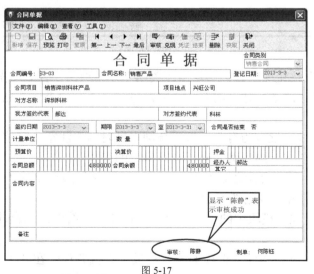

图 5-16

⑤ 单击工具栏上的"审核"按钮,这时在"合同单据"窗口的下方"审核"处显示"陈静",表示审核成功,如图 5-17 所示。

图 5-17

取消已经审核的合同资料的方法是:在"合同序时簿"窗口选中要取消审核的合同资料,单击工具栏中的"审核"按钮,系统弹出"合同单据"窗口,再单击工具栏中的"审核"按钮，这时"审核"处操作员名称取消，表示取消审核成功。

⑥ 单击"关闭"按钮，退出"合同序时簿"窗口。

（5）合同兑现

合同的兑现功能处理合同在执行过程中的货币支付信息。

下面以合同"S3-03"在3月30日收到部分货款，并生成一张往来的业务凭证为例，介绍合同兑现的操作步骤。

① 单击"往来管理"模块中的"合同查询及兑现"选项，系统弹出"合同查找"对话框，单击"确定"按钮进入"合同序时簿"窗口。

② 选中"S3-03"合同资料，单击工具栏中的"兑现"按钮，系统弹出"合同单据"窗口。注意，在"合同内容"位置处会自动切换为兑现信息录入界面，如图5-18所示。

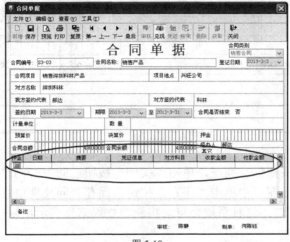

图 5-18

③ 在"日期"栏中录入"2013-03-30"，在"摘要"栏中录入"收货款"，在"对方科目"栏中录入"100201"，在"收款金额"栏中录入"3600"，此时"合同余额"自动修改为"1200"，如图5-19所示。

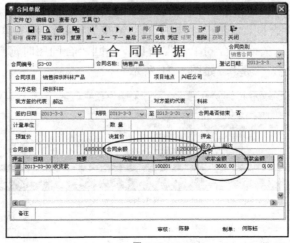

图 5-19

④ 兑现信息录入完成后，需要生成一张相应的业务凭证。单击工具栏中的"凭证"按钮，系统自动切换到"记账凭证"窗口，请注意金额方向，以及科目下的核算内容是否正确，完整的凭证界面如图 5-20 所示。

图 5-20

⑤ 单击"保存"按钮保存凭证，单击"关闭"按钮返回"合同单据"窗口。

⑥ 在"合同单据"窗口中单击"保存"按钮，保存合同兑现信息，单击"关闭"按钮，返回"合同序时簿"窗口，这时系统会自动将新增兑现信息显示出来。

（6）合同结束

合同结束是对已经实现兑现信息的合同的封存归档。合同结束前应先审核合同，已结束的合同不能再对合同项目和兑现信息进行新增、修改和删除。

下面以结束合同"S3-03"为例，介绍合同结束的具体操作步骤。

（1）单击"往来管理"模块中的"合同结束"选项，系统弹出"合同查找"对话框，直接单击"确定"按钮进入"合同序时簿"窗口。

（2）选中"S3-03"合同，单击工具栏中的"结束"按钮，系统弹出"合同单据"窗口，单击"结束"按钮即可。关闭"合同单据"窗口，返回"合同序时簿"窗口，这时窗口中的"结束"标志由"否"改为"是"，如图 5-21 所示。

图 5-21

注：结束后的合同业务资料不能修改，只能查询。

5.1.2 账簿报表

1. 账龄分析表

"账龄分析表"报表主要是对设有往来核算科目的往来款项余额的时间分布进行分析。

(1) 单击"往来管理"模块中的"账龄分析表"报表,系统弹出"账龄分析表"对话框,如图 5-22 所示。

图 5-22

- 会计科目:录入需要进行账龄分析的会计科目代码,当前的会计科目需设有往来业务核算。
- 截止日期:某项往来业务分析的截止日期,系统默认为当天日期。
- 币别:选择账龄分析表的货币币别。
- 账龄分组:设置账龄分析表栏目结构,即账龄分组标准。系统预设 4 种分组标准,但用户可以根据需要自行修改,直接修改天数即可。

(2) "会计科目"处录入"1122-应收账款"科目代码,单击"确定"按钮,系统进入"账龄分析表"窗口,如图 5-23 所示。

图 5-23

若查询的分组天数需要改变,可以单击"过滤"按钮重新设置查询条件。

2. 合同清单

"合同清单"报表显示在某一时间范围内满足某些条件的合同业务资料。

（1）单击"往来管理"模块中的"合同清单"报表，系统弹出"合同报表过滤"对话框，如图 5-24 所示。

图 5-24

（2）查询条件设置方法同其他报表查询方法，单击"确认"按钮，进入"合同清单"窗口，显示满足查询务件的合同资料，如图 5-25 所示。

图 5-25

若需查询其他条件下的合同资料，单击"过滤"按钮重新设置条件即可。若要查询其他报表，单击"报表"按钮即可进行报表切换。

3. 合同处理情况表

单击"往来管理"模块中的"合同处理情况表"报表，系统弹出"合同报表过滤"对话框，如图 5-26 所示。

图 5-26

在此可以查询某一编号范围内的合同资料，不填写则表示查询所有合同，单击"确认"按钮，系统进入"合同处理情况表"窗口，如图 5-27 所示。

第 5 天　往来管理和出纳管理

图 5-27

4. 合同汇总表

单击"往来管理"模块中的"合同汇总表"报表,系统弹出"合同报表过滤"对话框,如图 5-28 所示。

图 5-28

在此可以设置某一时间范围内的合同汇总资料,单击"确认"按钮,系统进入"合同汇总表"窗口,如图 5-29 所示。

图 5-29

5.2　出纳管理

金蝶 KIS 的"出纳管理"模块能有效地管理企业现金和存款的使用情况,使企业能及时了解某天、某期间、某范围的现金和银行存款收支情况,并根据查询需要随时输出日报表、月报表、银行存款余额调节表等各种报表。

单击"会计之家"窗口中的"出纳管理"模块,系统切换到"出纳管理"处理界面,如图 5-30 所示。

141

图 5-30

5.2.1 业务处理

"出纳管理"模块的业务处理包括现金管理、银行存款管理和支票管理。

出纳管理的启用期间可以随意定义，如本账套的启用期间为 2013 年 3 期，出纳管理可以本期启用，也可以在 3 期以后任意期间启用，还可以启用该模块。设置启用期间的步骤如下。

（1）单击"系统维护"模块下的"账套选项"选项，如图 5-31 所示。

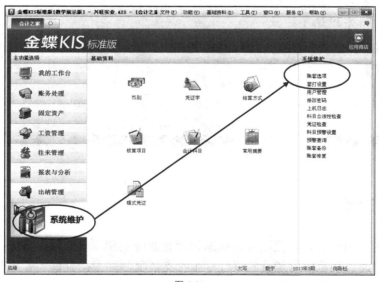

图 5-31

（2）系统弹出"账套选项"对话框，单击"出纳"选项卡，在"出纳系统启用期间"处设置启用的期间数，"是否进行银行对账"处选择"是"，则在录入记账凭证时，银行存款科目必须录入"结算方式"和"结算号",在银行日记账中也会相应地输出"结算方式"和"结算号"两项,反之则不涉及"结算方式"和"结算号"两项。在此选用系统默认值,如图 5-32 所示。

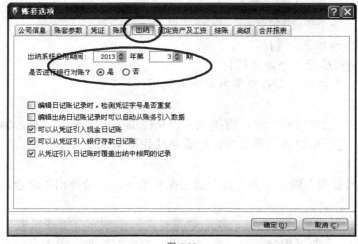

图 5-32

1. 现金管理

(1) 现金初始余额

启用"出纳管理"模块之前,需要录入现金和银行存款的初始数据。

下面以将本账套现金初始余额设置为"9923"元为例,介绍其具体操作步骤。

① 单击"出纳管理"模块下的"现金初始余额"选项,系统弹出"现金初始余额"对话框,在"启用期初原币余额"处输入"9923.00",如图 5-33 所示。

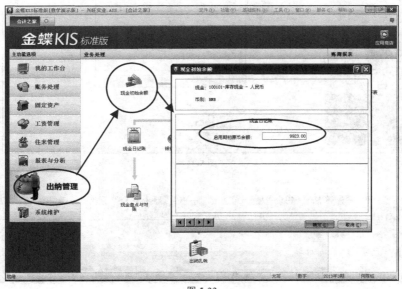

图 5-33

若用户不记得当前现金科目的余额是多少,可以退出"现金初始余额"对话框,通过"账务处理"模块下的"科目余额表"报表进行查询后再返回录入。

当账套中所涉及的现金科目有多个时,可以通过切换按钮进行科目切换。

▐◀ :向前移动到第一个现金科目。

◀ :向前移动一个现金科目。

▶ :向后移动一个现金科目。

▶▌:向后移动到最后一个现金科目。

② 单击"确定"按钮,保存数据并退出对话框。

(2)现金日记账

现金日记账的登记方法有 3 种:直接录入,从凭证引入现金日记账,编辑日记账时自动从账务引入数据。建议用户使用第 2 种,也就是从凭证引入现金日记账。

① 直接录入法

a. 单击"出纳管理"模块下的"现金日记账"选项,系统弹出"现金日记账"过滤对话框,如图 5-34 所示。

b. 在对话框中随意设置查询某个现金科目,按某个期间范围或日期范围、金额范围、方向条件进行查询。在此采用默认值,直接单击"确定"按钮,进入"现金日记账"窗口,如图 5-35 所示。

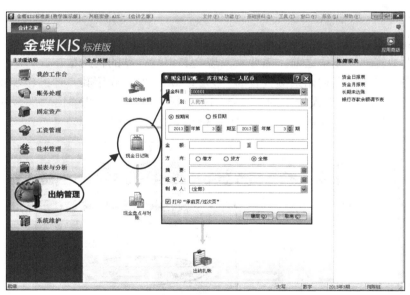

图 5-34

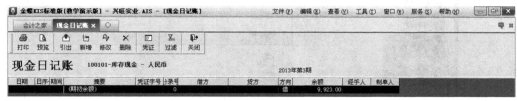

图 5-35

- 新增：新增一条现金日记账记录。
- 修改：修改已经登记的现金日记账记录。
- 删除：将已经登记的现金日记账记录删除。
- 凭证：选中由账务系统引入的业务资料，联查凭证情况。

c. 单击"新增"按钮，系统弹出"现金日记账"登记对话框，如图5-36所示。

图 5-36

按实际的现金流水账进行录入，录入完成一笔业务后单击"增加"按钮。

② 从凭证引入现金日记账

有时，在直接录入现金日记账时会由于数据录入错误而无法对上账，此时可使用金蝶KIS"出纳管理"模块为用户提供的"从凭证引入现金日记账"功能，这样可以大大减少错误率和提高录入速度。

下面将账套中所有现金凭证引入现金日记账，具体操作步骤如下。

a. 选择"系统维护"模块下的"账套选项"选项，系统弹出"账套选项"对话框，单击"出纳"选项卡，切换到"出纳"设置界面，如图5-37所示。

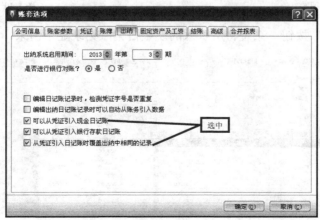

图 5-37

b．选中"可以从凭证引入现金日记账"和"从凭证引入日记账时覆盖出纳中相同的记录"选项。

c．单击"确定"按钮，返回"会计之家"窗口。

d．单击"出纳管理"模块下"现金日记账"选项，系统进入"现金日记账"窗口，选择"文件"菜单下的"从凭证引入现金日记账"命令，如图 5-38 所示。

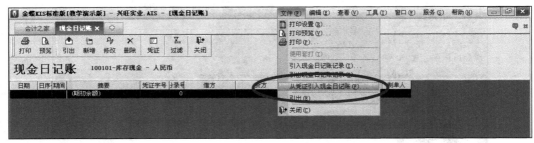

图 5-38

e．系统弹出"凭证过滤"对话框，条件设置如图 5-39 所示，请注意对话框中的"过账"、"审核"项的选定方式。

f．单击"确定"按钮，系统经后台处理后弹出"信息提示"对话框，如图 5-40 所示。

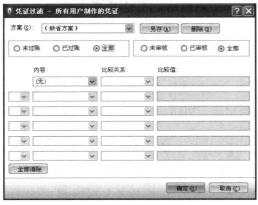

图 5-39

图 5-40

g．单击"确定"按钮，系统将所引入的现金日记账记录显示出来，如图 5-41 所示。

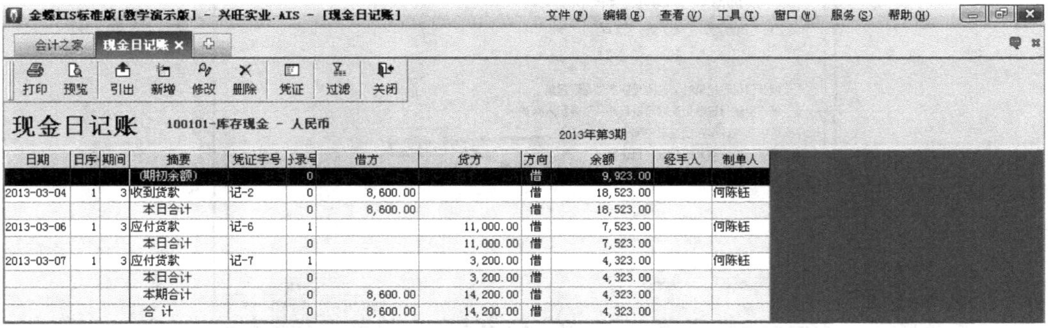

图 5-41

③ 编辑日记账时自动从账务引入数据

使用此方法时，也需要对账套选项进行设置。

a．单击"系统维护"模块下的"账套选项"选项，系统弹出"账套选项"对话框，单击"出纳"选项卡，选中"编辑出纳日记账记录时可以自动从账务引入数据"选项，单击"确定"按钮返回"会计之家"窗口。

b．单击"现金日记账"选项，进入"现金日记账"窗口，选择"编辑"菜单下的"编辑时自动从账务引入数据"命令，如图 5-42 所示。

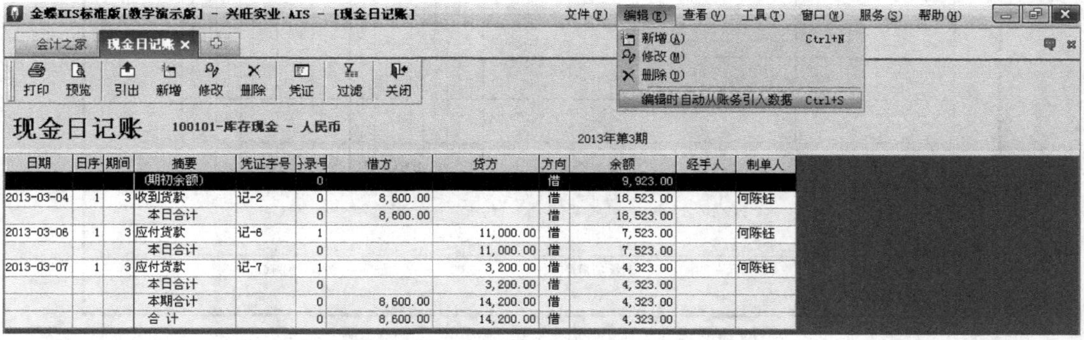

图 5-42

c．单击工具栏中的"新增"按钮，系统弹出"现金日记账"对话框，选中所需的"凭证字"和"凭证号"，系统会自动引入该凭证下的数据，如图 5-43 所示。

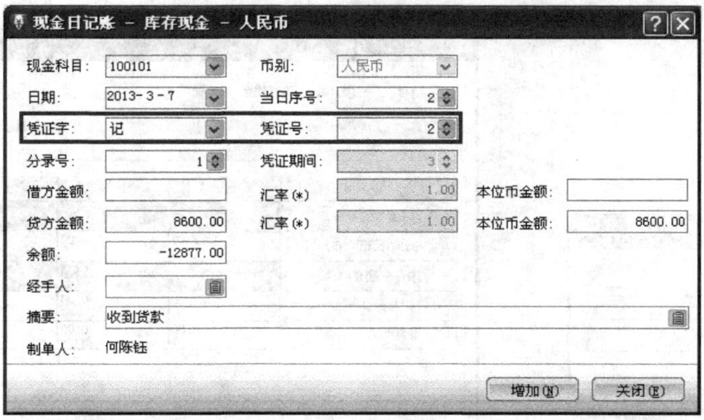

图 5-43

d．单击"增加"按钮，保存业务数据。

在"现金日记账"窗口，选中记录，单击"凭证"按钮，系统会联查到该记录的凭证，如图 5-44 所示。

（3）现金盘点与对账

现金盘点与对账反映会计核算体系中账账相核和账实相核。账账相核表示出纳系统现金日记账与账务系统现金分类账相核对，账实相核表示出纳系统现金日记账与库存现金实盘数相核对。现金盘点与对账的具体操作步骤如下。

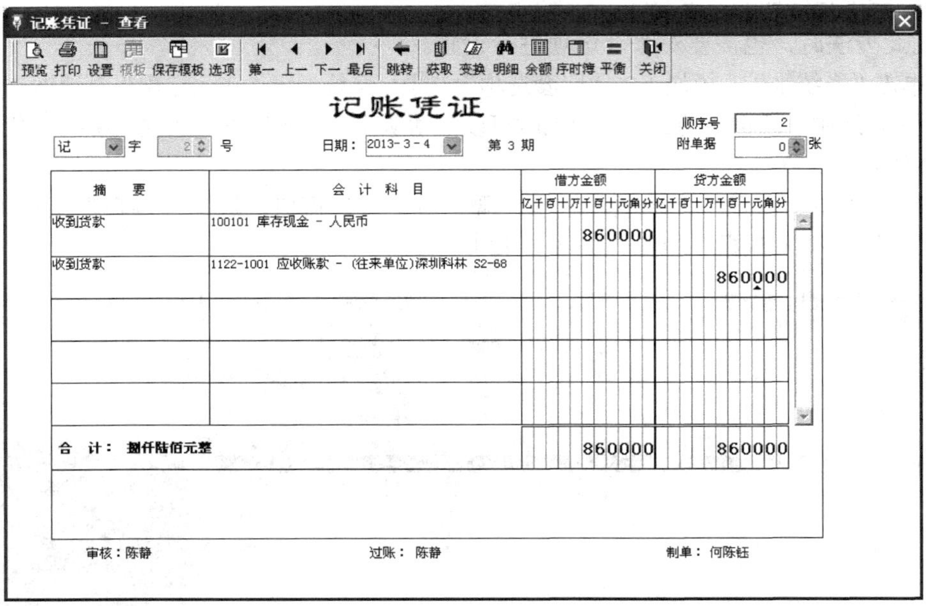

图 5-44

① 单击"出纳管理"模块中的"现金盘点与对账"选项，系统弹出"现金盘点与对账"过滤对话框，如图 5-45 所示。

② 设置查询条件后单击"确定"按钮，弹出"现金盘点与对账"窗口，如图 5-46 所示。

图 5-45

图 5-46

③ 在窗口中除"现金实盘数－今日余额"可手工输入外，其他数据均由系统自动计算而得。单击"过滤条件"按钮可以重新设置条件。

- 出纳日记账：显示出纳系统现金日记账中的昨日余额、今日借方、今日贷方、今日余额、期初余额、本期借方、本期贷方、本期余额数据。
- 账存差额：查询日现金实盘数与现金日记账今日余额的差额。
- 现金分类账：凭证过账处理后，系统自动调用该现金科目的相关汇总数据。
- 账账差额：反映账务系统现金总账与出纳系统现金日记账的差额。

2. 银行存款管理

（1）银行初始余额

① 单击"出纳管理"模块中的"银行初始余额"选项，系统弹出"银行存款初始余额"对话框，如图 5-47 所示。

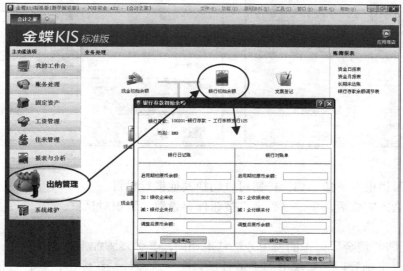

图 5-47

- 启用期初原币余额：录入期初数据。
- 企业未达：涉及"企业未达"数据时，单击该按钮，系统进入"银行对账单"窗口，如图 5-48 所示。

图 5-48

- 银行未达：涉及"银行未达"数据时，单击"银行未达"按钮进行录入，方法同"企业未达"数据录入方法。

② 单击图 5-48 所示工具栏上的"新增"按钮，系统弹出"银行对账单"录入对话框，如图 5-49 所示。

③ 在对话框中录入"企业未达"数据，每录入完成一条后单击一次"增加"按钮，单击"关闭"按钮，退出录入对话框。再单击"银行对账单"窗口工具栏中的"关闭"按钮，返回"银行存款初始余额"对话框。

④ 本账套无"企业未达"和"银行未达"数据，在"银行存款初始余额"对话框，双方的"启用期初原币金额"栏中都录入"722565.00"，如图 5-50 所示。

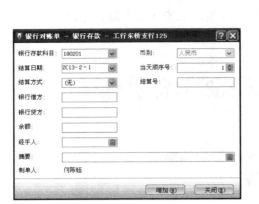

图 5-49　　　　　　　　　　图 5-50

⑤ 单击对话框左下角的切换按钮可以切换其他银行科目。
⑥ 数据录入完成后，单击"确定"按钮保存设置，退出对话框。
（2）银行日记账
银行日记账与现金日记账的使用方法基本相同，具体步骤如下。
① 单击"出纳管理"模块中的"银行日记账"选项，系统弹出"银行日记账"过滤对话框，如图 5-51 所示。

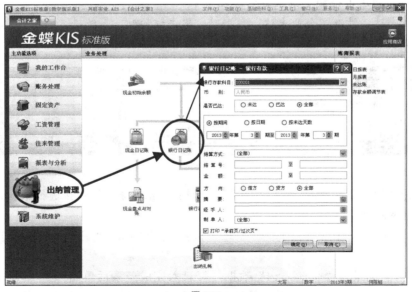

图 5-51

② 设置条件后，单击"确定"按钮进入"银行日记账"窗口，单击"文件"菜单下的"从凭证引入银行日记账"命令（在"账套选项"对话框中设置该选项）引入所有数据，如图 5-52 所示。

图 5-52

（3）银行对账单

银行对账单是企业与银行之间进行对账的主要依据，是银行账户收入与支出的详细资料文件。使用金蝶 KIS 的"银行对账单"功能时，需要操作员手工录入表 5-2 所示银行对账单中的数据。

表 5-2　　　　　　　　　　　　　　银行对账单表

科目	日　　　期	摘　　　要	结算方式	银行借方	银行贷方
100201	2013-3-2	实收投资款	支票		500000.00
100201	2013-3-7	应收货款	（无）		20000.00
100201	2013-3-11	购入固定资产	（无）	10000.00	
100201	2013-3-15	购入固定资产	（无）	786800.00	
100201	2013-3-19	收出售固定资产货款	支票		9600.00

① 单击"出纳管理"模块下的"银行对账单"选项，系统弹出"银行对账单"过滤对话框，设置好条件，单击"确定"按钮，系统进入"银行对账单"处理窗口，单击工具栏中的"新增"按钮，系统弹出"银行对账单"登记对话框，如图 5-53 所示。

② 更改"结算日期"为"2013-3-2"，更改"结算方式"为"支票"，在"银行贷方"栏中输入"500000"，在"余额"栏中输入"1222565"，"经手人"处按 F7 功能键获取"陈静"，"摘要"处按 F7 功能键获取"实收投资款"，登记完成后的对话框如图 5-54 所示。

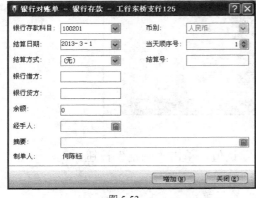

图 5-53

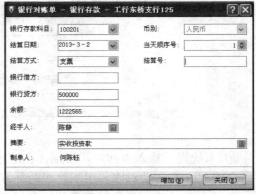

图 5-54

③ 单击"增加"按钮，将当前记录登记到"银行对账单"窗口。

读者可根据需要录入"当天顺序号"和"结算号"。

④ 请读者自行按照表 5-2 数据录入银行对账单其他数据，录入完成，单击"关闭"按钮返回"银行对账单"窗口，如图 5-55 所示。

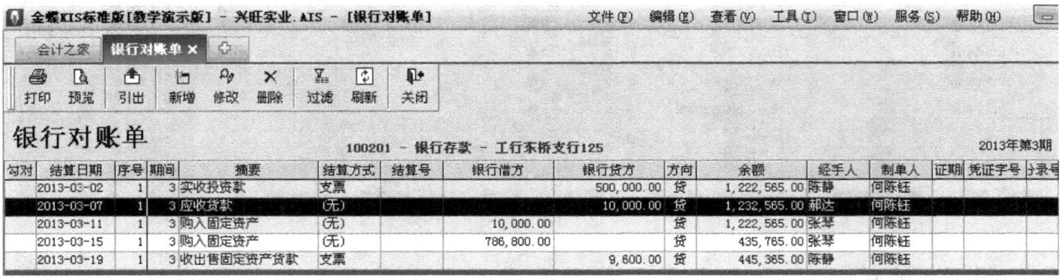

图 5-55

> **注**：单击"文件"菜单下的"引入银行对账单记录"命令，可以引入从银行复制出来的数据库记录文件。使用此功能的前提是，从银行复制的数据库文件格式符合金蝶软件的格式要求。

（4）银行存款对账

为有效查询"银行日记账"和"银行对账单"的差异，可以使用"银行存款对账"功能，以对存款做出有效管理，具体操作步骤如下。

① 单击"出纳管理"模块中的"银行存款对账"选项，系统弹出"银行存款对账"对话框，如图 5-56 所示。

图 5-56

② 系统提示输入本次对账日期，在这里采用默认值，单击"确定"按钮。

金蝶 KIS 有自动对账和手工对账两种方式。

- 自动对账：设置对账条件后勾对符合条件的记录。

- 手工对账：分别在银行日记账和银行对账单中双击需要进行对账的记录（记录前方会出现"*"），再单击"手工对账"按钮。
- 取消对账：对已经勾对过的记录取消勾对即可。使用此功能时需注意要取消的记录是否在对话框中，若没有，则要选中对话框上面的"包括已勾对记录"选项。

③ 单击"自动对账"按钮，系统弹出"自动对账"条件设置对话框，对账设置如图5-57所示。

④ 单击"确定"按钮，系统经后台处理后弹出如图5-58所示的"信息提示"对话框。

图 5-57

图 5-58

⑤ 单击"确定"按钮，返回"银行存款对账"对话框，系统会对满足对账条件的记录做上标记"*"，表示对账成功，如图5-59所示。

图 5-59

此时系统中还有4条记录没有勾对成功，这因为它们不满足"自动对账"条件，若需要使它们对上账，可以在图5-57中取消某些条件设置后再次对账。

"自动对账"无法勾对的记录，可以使用"手工对账"。使用"手工对账"对剩余4条记录进行勾对，具体步骤如下。

① 双击"银行对账单"下的未勾对记录，做上"**"标记。
② 双击"银行日记账"下的"记-10"、"记-16"、"记-17"，做上"**"标记。

③ 单击"手工对账"按钮，系统弹出"信息提示"对话框，如图 5-60 所示，单击"是"按钮。

这时系统将所选记录勾对上，并隐藏起来，这是因为未选中"包括已勾对记录"选项，选中后，对话框会将所有记录显示出来，如图 5-61 所示。

图 5-60　　　　　　　　　　　　　　　　　图 5-61

用户如果想对已勾对的记录取消勾对，可以单击"取消对账"按钮，系统弹出"取消对账"条件对话框，如图 5-62 所示。设置好条件后单击"确定"按钮即可。

（5）出纳轧账

出纳轧账是将出纳系统所涉及的现金日记账余额、银行存款日记账余额及银行对账单未达项资料等结转至下一期，并对现金日记账、银行日记账加注发生额，具体操作步骤如下。

图 5-62

① 单击"出纳管理"模块中的"出纳轧账"选项，系统弹出"出纳轧账"向导对话框，如图 5-63 所示。

② 单击"前进"按钮，弹出如图 5-64 所示对话框，选中"期末轧账"选项，单击"完成"按钮即可。

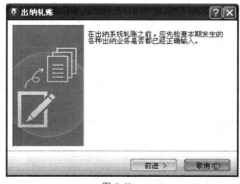

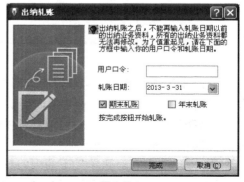

图 5-63　　　　　　　　　　　　　　　　　图 5-64

3. 支票管理

金蝶 KIS 的支票管理包括支票登记、支票领用及报销和支票核销。

（1）支票登记

支票登记指登记单位银行账号、所在银行名称、支票号码范围和支票有效期限。

下面以 2013-3-1 在工行的 125 账号购买 1001-1010 号支票（币别是人民币）为例，介绍支票登记的具体步骤。

① 单击"出纳管理"模块中的"支票登记"选项，系统进入"支票登记"窗口。单击工具栏上的"新增"按钮，系统弹出"支票购置登记"对话框。在"银行名称"栏中输入"工行"，在"银行账号"栏中输入"125"，将"支票有效期"改为"30"天，在"支票号码"栏中输入"1001-1010"，如图 5-65 所示。

② 单击"增加"按钮登记记录。单击"关闭"按钮返回"支票登记"窗口，窗口中会将刚才所增加的记录登记上来。单击工具栏上的相应按钮即可修改和删除记录。

（2）支票领用与报销

下面以 2013 年 3 月 11 日购买固定资产，用支票付款 10000 元，领用人为"张琴"，2013 年 3 月 12 日报销该笔支票为例，介绍支票领用与报销的具体步骤。

① 支票领用

a．单击"出纳管理"模块中的"领用及报销"选项，系统弹出"支票管理"过滤对话框，在对话框中可以随意设置所需要的查询条件和排序方式等，将对话框下面的"未核销"选项选中，如图 5-66 所示。

图 5-65

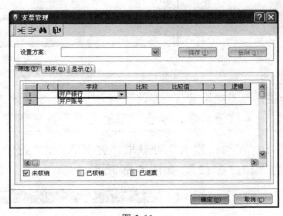

图 5-66

b．单击"确定"按钮，进入"领用及报销"窗口。单击工具栏上的"新增"按钮，系统弹出"支票管理-新增"对话框，在"对应科目"中输入"100201"，在"支票号"中输入"1001"号，将"领用部门"改为"采购部"，在"用途"处输入"购入固定资产"，将"领用日期"修改为"2013-3-11"，在"领用人"处获取"张琴"，在"使用限额"处输入"10000.00"，在"预计报销日期"处输入"2013-3-12"，如图 5-67 所示。

c．单击"新增"按钮保存记录，单击"关闭"按钮返回"领用及报销"窗口，这时系统显示所有增加的记录。

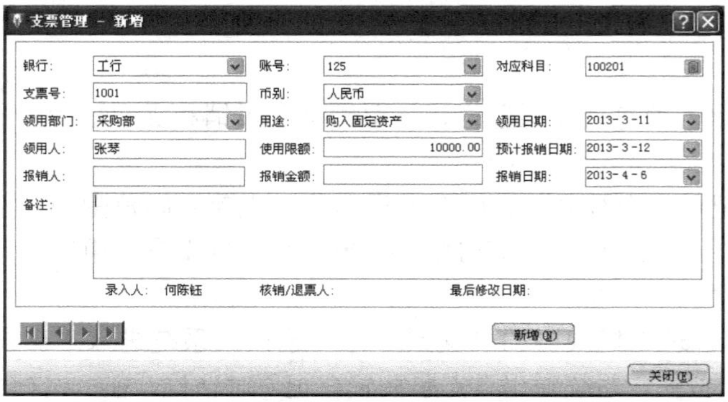

图 5-67

② 支票报销

a. 在"领用及报销"窗口，选中上一小节中新增的记录，单击工具栏上的"修改"按钮，系统弹出"支票管理-修改"对话框，如图 5-68 所示。

图 5-68

注：在"支票管理-修改"对话框中也可以做"退票"操作，单击"退票"按钮即可；若需取消退票，单击"取消退票"按钮即可，"退票"时请填写"备注"。

b. 在"报销人"处获取"张琴"，在"报销金额"中输入"10000.00"，"报销日期"修改为"2013-3-12"，如图 5-69 所示。

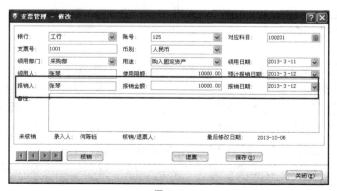

图 5-69

c．单击"保存"按钮保存资料。
（3）支票核销
　　单击"出纳管理"模块中的"支票核销"选项，系统进入"支票核销"窗口，双击需要核销的记录，进入"支票管理-修改"对话框，单击对话框上的"核销"按钮即可，如图 5-70 所示。
　　在"支票核销"窗口中选择"编辑"菜单下的"核销"命令，也可以完成支票核销任务。读者还可以从凭证中获取报销数据，但要满足以下条件。
- 凭证中有"支票"这种结算方式。
- "支票"结算时对应的结算号必须是已经领用的"支票号"。
- 凭证中的币别与领用支票的币别对应。

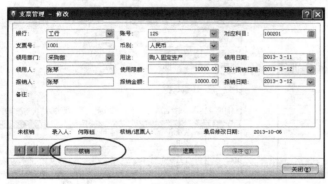

图 5-70

之后可以通过"编辑"菜单中的"从凭证中获取报销数据"命令引入报销数据。

> **注**：不允许删除经过核销和退票的支票。只有通过"取消核销/退票"操作后，支票才能被删除。

5.2.2　账簿报表

1．资金日报表

　　资金日报表显示某一天现金、银行的资金情况。
　　（1）单击"出纳管理"模块中的"资金日报表"选项，系统弹出"现金、银行日报表"查询条件对话框，设置"科目范围"，选择所需要的"币别"，日期更改为所需要的日期，如图 5-71 所示。
　　（2）条件设置完成后单击"确定"按钮，弹出"资金日报表"窗口，如图 5-72 所示。
　　若需要更改日期查询，单击工具栏上的"过滤"按钮，重新设置条件即可。

2．资金月报表

　　资金月报表显示某一期间范围现金、银行的资金情况。
　　（1）单击"出纳管理"模块下的"资金月报表"选项，系统弹出"现金、银行月报表"查询条件对话框，如图 5-73 所示。

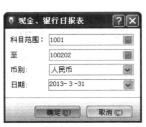

图 5-71

科目编码	科目名称	方向	昨日余额	今日借方	今日贷方	方向	今日余额	借方笔数	贷方笔数
1001	库存现金	借	4,323.00			借	4,323.00		
100101	人民币	借	4,323.00			借	4,323.00		
1002	银行存款	贷	263,600.00			贷	263,600.00		
100201	工行东桥支行125	贷	263,600.00			贷	263,600.00		

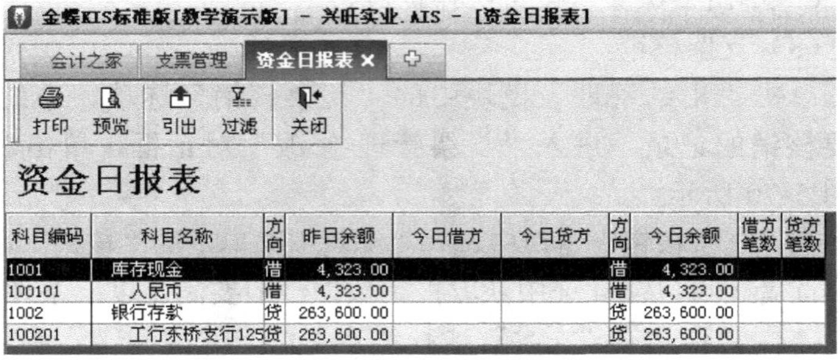

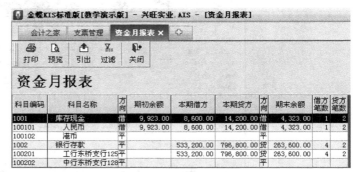

图 5-72

（2）条件设置完成后单击“确定”按钮，系统进入“资金月报表”窗口，如图 5-74 所示。

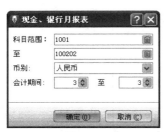

图 5-73

科目编码	科目名称	方向	期初余额	本期借方	本期贷方	方向	期末余额	借方笔数	贷方笔数
1001	库存现金	借	9,923.00	8,600.00	14,200.00	借	4,323.00	1	2
100101	人民币	借	9,923.00	8,600.00	14,200.00	借	4,323.00	1	2
100102	港币	平				平			
1002	银行存款	平		533,200.00	796,800.00	贷	263,600.00	4	2
100201	工行东桥支行125	平		533,200.00	796,800.00	贷	263,600.00	4	2
100202	中行东桥支行128	平				平			

图 5-74

3. 长期未达账

（1）单击“出纳管理”模块下的“长期未达账”选项，系统弹出“长期未达账”查询条件对话框，如图 5-75 所示。设置“银行存款科目”，再选定“币别”，设置“截止日期”和“未达天数”。

（2）条件设置完成后单击“确定”按钮，系统进入“长期未达账”窗口，如图 5-76 所示。

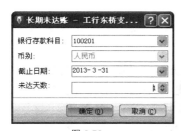

图 5-75

勾对	日期	序号	期间	摘要	凭证字号	分录号	结算方式	结算号	借方	贷方	方向	余额	经手人	制单人
	2013-03-30	1	3	收货款	记-25	1			3,600.00		贷	263,600.00		何陈钰

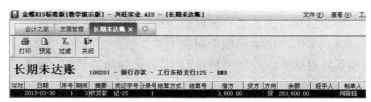

图 5-76

4. 银行存款余额调节表

（1）单击“出纳管理”模块中的“银行存款余额调节表”选项，系统弹出“银行存款余额调节表”查询条件对话框，如图 5-77 所示。

（2）条件设置完成后单击“确定”按钮，系统进入“银行存款余额调节表”窗口，如图

5-78 所示。

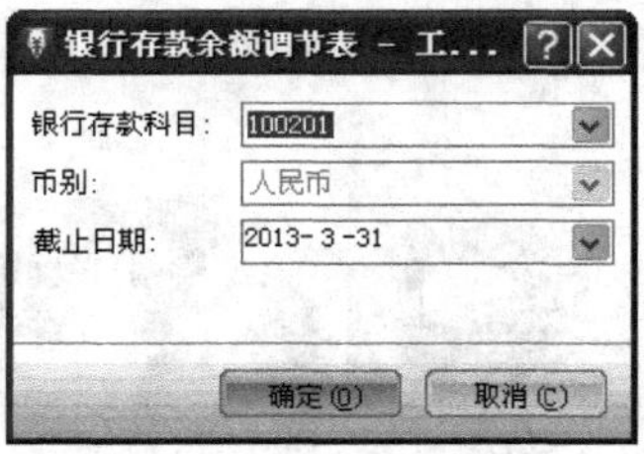

图 5-77

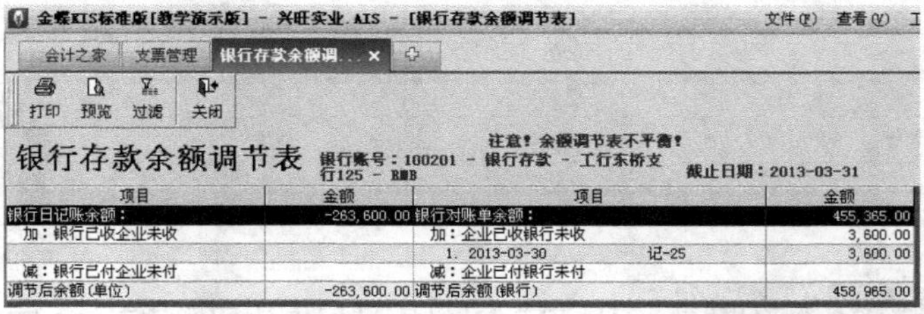

图 5-78

课后习题

1．使用"核销往来业务"功能的前提条件是_____和_____。
2．核销往来业务资料的方法有_____和_____。
3．取消核销标记的方法是_____。
4．查询对账单的方式有_____和_____。
5．账龄分组的修改方法是_____。
6．合同管理功能不启用能否做完整个账务处理工作？
7．如何登记现金日记账？
8．如何设置从凭证引入现金日记账？
9．银行存款对账有哪几种方法？
10．核销和退票后的支票如何删除？

第 6 天 期末处理和报表的生成与分析

学习重点

- 自动转账
- 期末调汇
- 结转损益
- 期末结账
- 资产负债表
- 报表属性
- 利润表
- 自定义报表
- 公式向导
- 报表分析

6.1 期末处理

在前 5 天课程中，笔者讲述了建账、凭证处理、固定资产和工资管理等操作，以上工作完成后，下一步的工作就是期末转账、结转损益、期末调汇和期末结账等操作。

6.1.1 自动转账

自动转账可以按照所设置的自动转账公式，也可按比例转出指定科目的"发生额"、"余额"、"最新发生额"、"最新余额"等数值的会计业务。例如将"费用"科目下的余额结转到"成本"科目，再将"成本"科目下的余额结转到"主营业务成本"科目。设置好自动转账功能后，期末处理时能快速生成结转凭证，省去人工做结转凭证时的烦琐。

> **注**：结转损益的凭证在此可以不用设置，因为金蝶 KIS 已经包含有此功能。

1. 自动转账设置

表 6-1 和表 6-3 是 3 张转账凭证，具体设置步骤如下。

表 6-1   制造费用转入生产成本

摘 要	科 目	借贷	转账方式	包含本期未过账凭证	本位币金额公式
制造费月转入生产成本	50010103	借	转入		
	510101	贷	按公式转出	包含	<510101>
	510102	贷	按公式转出	包含	<510102>
	510103	贷	按公式转出	包含	<510103>
	510104	贷	按公式转出	包含	<510104>

续表

摘 要	科 目	借贷	转账方式	包含本期未过账凭证	本位币金额公式
制造费用转入生产成本	510105	贷	按公式转出	包含	<510105>
	510106	贷	按公式转出	包含	<510106>
	510107	贷	按公式转出	包含	<510107>
	510108	贷	按公式转出	包含	<510108>
制造费用转入生产成本	510109	贷	按公式转出	包含	<510109>
	510110	贷	按公式转出	包含	<510110>
	510111	贷	按公式转出	包含	<510111>
	510112	贷	按公式转出	包含	<510112>

表 6-2　　　　　　　　　　　　生成本结转库存商品

摘 要	科 目	借贷	转账方式	包含本期未过账凭证	本位币金额公式
生产成本结转库存商品	1405	借	转入		
	50010101	贷	按公式转出	包含	<50010101>
	50010102	贷	按公式转出	包含	<50010102>
	50010103	贷	按公式转出	包含	<50010103>

表 6-3　　　　　　　　　　　　库存商品结转主营业务成本

摘 要	科 目	借贷	转账方式	包含本期未过账凭证	本位币金额公式
库存商品结转主营业务成本	6401	借	转入		
	1405	贷	按公式转出	包含	<1405>

（1）单击"账务处理"模块下的"自动转账"选项，系统弹出"自动转账凭证"管理对话框，如图 6-1 所示。

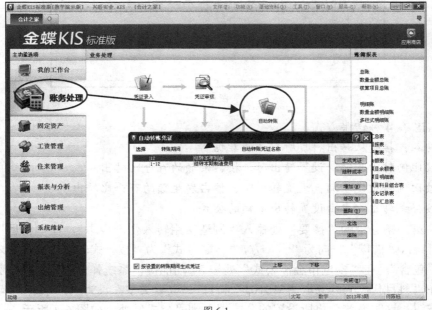

图 6-1

系统中已预设两个自动转账,但是需要修改才能使用。

(2)单击"增加"按钮,系统弹出"自动转账凭证"设置窗口,如图6-2所示。

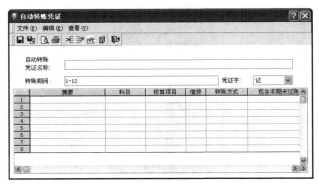

图6-2

(3)在"自动转账凭证名称"中输入"制造费用转入生产成本凭证","转账期间"和"凭证字"采用默认值。

(4)在第一条分录的"摘要"处输入"制造费用转入生产成本",在"科目"处按F7功能键获取"50010103"科目,"借贷"方向为"借"方,"转账方式"为"转入",其余项目采用默认值,如图6-3所示。

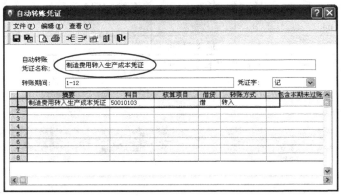

图6-3

金蝶KIS有4种转账方式。

● 转入:接受从转出科目所核算的数据。
● 按比例转出余额:设置转出时,按占余额的百分比转出。
● 按比例转出发生额:设置转出时,按占发生额的百分比转出。
● 按公式转出:自由设置转出余额的公式。

(5)在第二条分录的"摘要"处输入"制造费用转入生产成本",在"科目"栏中获取"510101"科目,"借贷"方向为"贷"方,"转账方式"为"按公式转出","包含本期未过账凭证"选"包含",在"本位币金额公式"处按F7功能键,系统弹出"自动转账公式设置"对话框,在"科目代码"处获取"510101"科目,"取数类型"设为"期末余额",单击"填入公式"按钮,这时系统会将所设置的公式填入到"公式"处,如图6-4所示。

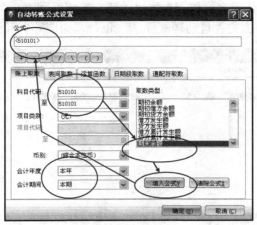

图 6-4

（6）单击"确定"按钮，返回"自动转账凭证"设置窗口，所设置的公式如图 6-5 所示。

图 6-5

（7）参照第 5 步的方法，将"510102"至"510112"的所有科目增加到不同分录，设置完成后的窗口如图 6-6 所示。

图 6-6

若不需要某分录时，选中后单击工具栏上的"删除一行"按钮即可；若需要插入某分录时，单击工具栏上的"插入一行"按钮插入即可。

（8）单击"保存"按钮保存设置，单击"关闭"按钮返回"自动转账凭证"管理对话框，这时系统会显示刚才所增加的"自动转账凭证"记录，如图 6-7 所示。

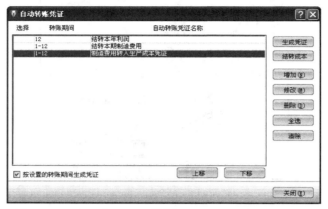

图 6-7

（9）设置表 6-2 中"生产成本"科目结转到"库存商品"的凭证，结果如图 6-8 所示。

图 6-8

（10）单击"保存"按钮保存凭证，单击"关闭"按钮返回"自动转账凭证"管理对话框。在该对话框中单击相应按钮即可修改或删除记录，如图 6-9 所示。

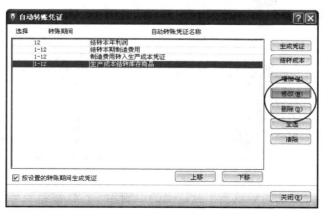

图 6-9

（11）设置表 6-3 中"库存商品"科目结转到"主营业务成本"的凭证，结果如图 6-10 所示。

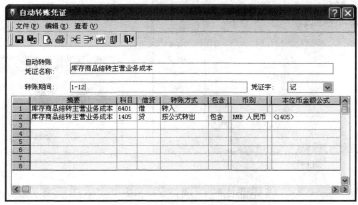

图 6-10

（12）单击"保存"按钮保存凭证，单击"关闭"按钮返回"自动转账凭证"管理对话框，如图 6-11 所示。

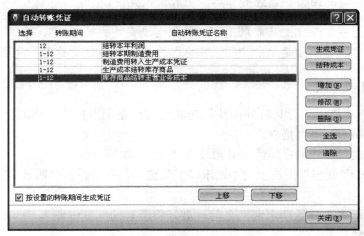

图 6-11

2．利用转账设置生成凭证

在上一小节中所设置的 3 张转账凭证是在期末处理中经常使用到的，在每一期末可以利用已经设置好的转账设置自动生成凭证，具体操作步骤如下。

建议在做自动转账前审核并过账所有的凭证。

（1）在"自动转账凭证"管理对话框，选中需要生成凭证的自动转账设置记录，例如选中"制造费用转入生产成本凭证"记录。

（2）双击鼠标，选中的记录前会出现"*"标记，如图 6-12 所示。

（3）单击对话框右上角的"生成凭证"按钮，系统经处理后弹出"信息提示"对话框，如图 6-13 所示，单击"是"按钮。

图 6-12　　　　　　　　　　　　　　　　图 6-13

如果用户觉得一张一张生成凭证比较烦琐，还可以一次生成所有凭证。操作方法是单击对话框右侧的"全选"按钮，这时所有记录前都会出现"*"标记，再单击"生成凭证"按钮即可。

（4）将"生产成本结转库存商品"生成一张凭证。

（5）将"库存商品结转主营业务成本"生成一张凭证。

注：以上两种生成凭证方法只能取1种，以免生成重复的凭证。

查询转账凭证的方法是单击"凭证查询"选项，在条件处输入"凭证号"。

6.1.2　期末调汇

"期末调汇"功能用于为具有外币核算功能的账户在期末自动计算汇兑损益、生成汇兑损益转账凭证及期末汇率调整表。

要执行此功能，会计科目属性中必须设有"期末调汇"。

（1）单击"账务处理"模块中的"期末调汇"选项，系统弹出"期末调汇"向导对话框，如图 6-14 所示。

对话框中提示"在开始期末调汇之前，最好将所有的凭证过账"，所以要先确定所有的凭证是否已经过账。

（2）单击"前进"按钮，系统进入下一对话框，在"期末汇率"栏中输入"0.808"，如图 6-15 所示。

图 6-14　　　　　　　　　　　　　　　　图 6-15

（3）单击"前进"按钮，进入下一对话框，系统提示输入"汇兑损益"科目的代码，按F7键获取"660303"科目，如图6-16所示。

（4）单击"前进"按钮，进入下一对话框，在此采用默认值，如图6-17所示。

图 6-16

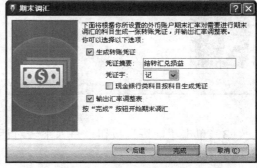

图 6-17

（5）单击"完成"按钮，系统弹出"信息提示"对话框，提示生成一张某某凭证号的凭证，单击"确定"按钮，这时系统会自动进入"汇率调整表"窗口，如图6-18所示。

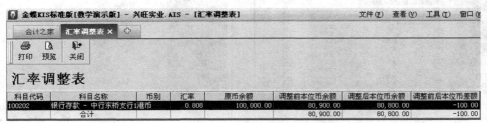

图 6-18

6.1.3 结转损益

使用此功能，系统会将所有损益类科目的本期余额全部自动转入本年利润科目或本年利润科目的明细科目中，并且生成结转损益记账凭证。

> **注**：系统按照会计科目中选定的科目类别来自动进行结转损益工作。只有科目类别中设有"损益类"的科目余额才能进行自动结转。在日常财务处理中，损益类科目的余额在每期的期末都要结转到本年利润科目或本年利润科目的明细科目中去。如果要结转本期损益，建议使用"结转本期损益"功能，否则在输出有关损益类的会计报表时，会有错误。

结转损益时要先对所有凭证进行"过账"处理，特别是自动转账所生成的凭证。

（1）单击"账务处理"模块中的"结转损益"选项，系统弹出"结转本期损益"向导对话框，如图6-19所示。

（2）单击"前进"按钮，进入下一对话框，在此对话框中输入"凭证摘要"，选择"凭证字"，如图6-20所示。

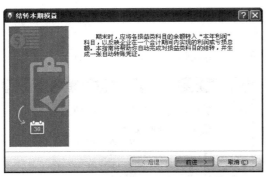

图 6-19

图 6-20

（3）单击"前进"按钮，进入下一对话框，设置对应科目，在这里采用系统默认值，如图 6-21 所示。

（4）单击"前进"按钮，进入下一对话框，如图 6-22 所示。

图 6-21

图 6-22

单击"完成"按钮，系统经后台处理后弹出如图 6-23 所示"信息提示"对话框。

图 6-23

6.1.4 期末结账

期末结账是指当前会计期间的账务已经全部处理结束，期末结账后系统会将各科目的本期期末余额结转为下一期间的期初余额，并且继续处理下一期间业务。

> **注**：期末结账时所有凭证必须过账。
> 需要修改已经结账的业务时，要反结账，快捷键是 Ctrl+F12。
> 本期业务除报表外都基本完成，建议生成财务报表后再做期末结账，有关财务报表的生成见"报表与分析"。

（1）单击"账务处理"模块中的"期末结账"选项，系统弹出"期末结账"向导对话框，如图 6-24 所示。

（2）单击"前进"按钮，系统进入下一对话框，确认当前选择的结账方式，如图 6-25 所示。

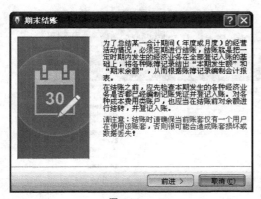

图 6-24

图 6-25

（3）单击"完成"按钮，系统弹出"账套备份"对话框，如图 6-26 所示。

（4）在对话框中用户可以设置备份的目录位置，单击"备份"按钮进行数据备份。备份完成后弹出"信息提示"对话框，单击"确定"按钮。

（5）系统经后台处理完成期末结账，这时"会计之家"窗口右下角的"会计期间"已经由"2013 年 3 期"改为"2013 年 4 期"，这表示结账成功，可以处理第 4 期的业务，如图 6-27 所示。

图 6-26

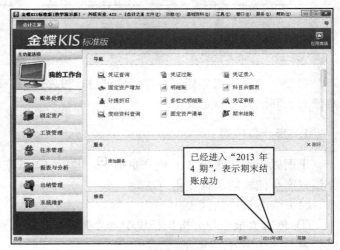

图 6-27

6.2 报表的生成与分析

金蝶 KIS 的"报表与分析"模块提供财务上所需的资产负债表和利润表等，并可根据管理需要建立各种自定义报表，同时还可分析并以文字、数字、图形等多种形式显示输出。系统提供的大部分报表，都可以通过引出功能将其中的数据引出为其他格式的文件，如 DBF、Excel、Text 文件等，以利于用户对其进一步处理。

单击"会计之家"窗口中的"报表与分析"模块，系统切换到"报表与分析"界面，如图 6-28 所示。

图 6-28

6.2.1 报表查看

只要用户进行账务处理，并对凭证进行过账操作，就可以随时查看当期或各期间的资产负债表、利润表和自定义报表。

1. 资产负债表

下面以查询本账套 3 月资产负债表，并以 A4 纸张为打印纸张进行相关格式调整为例，介绍资产负债表的具体使用方法。

（1）查看资产负债表

① 单击"报表与分析"模块中的"资产负债表"选项，系统进入"会计报表-资产负债表"窗口，如图 6-29 所示。

② 第一次进入报表时数据为空白，选择菜单"运行"→"报表重算"命令，或单击工具栏上的"重算"按钮，系统根据报表中单元格所设置的公式自动计算出数值，如图 6-30 所示。

注：计算时需注意窗口右下角的会计期间是否正确，查看其他会计期间报表的方法是：选择菜单"查看"→"会计期间"命令，系统弹出"报表期间"设置对话框，在对话框中设置自己所需的期间即可，如图 6-31 所示。

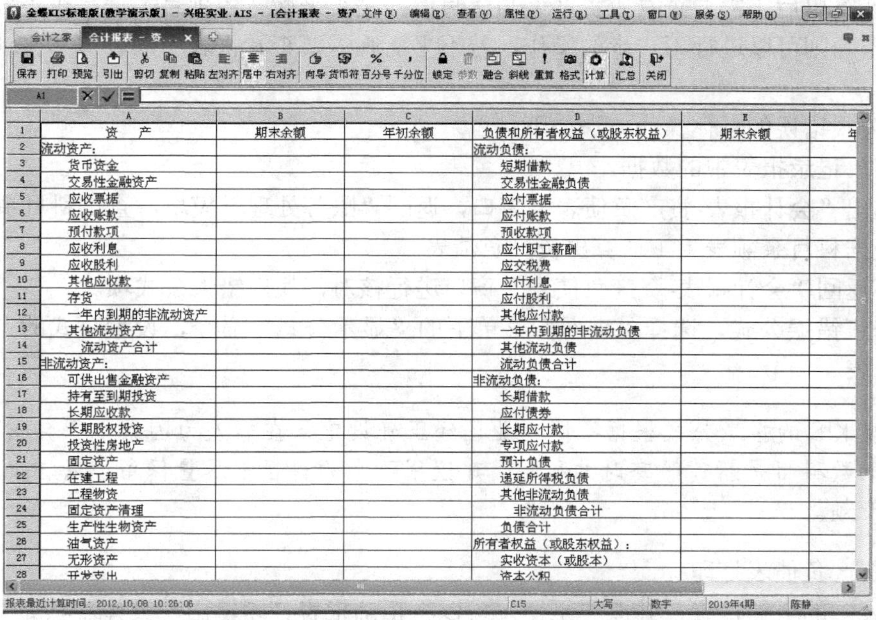

第6天 期末处理和报表的生成与分析

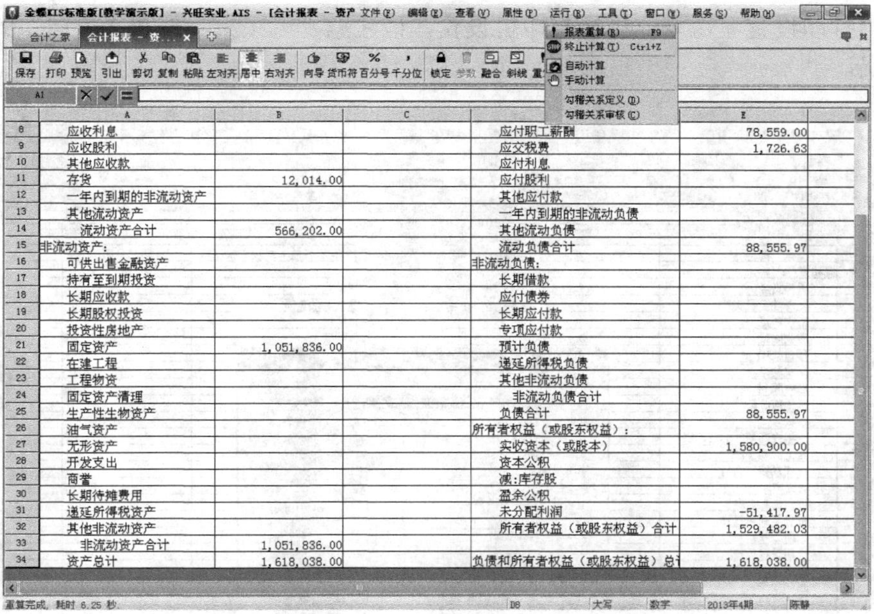

图 6-29

图 6-30

图 6-31

数值计算出后，需要查看"资产"与"负债"是否平衡、各项目数据是否正确。如果平衡或数据正确则可以进行下一步的操作，若不平衡则需要查看报表中的公式和会计期间是否错误。

检查公式错误的具体操作方法如下：
① 简单记录报表中的数据。
② 退出"会计报表-资产负债表"窗口，返回"账务处理"模块，查询科目余额表。
③ 根据科目余额表手工计算出资产负债表。
④ 再返回"会计报表-资产负债表"窗口进行核对，找出错误公式项。
⑤ 修正错误公式，选择"查看"菜单下的"显示公式"命令，设置公式的方法请参见"自定义报表"一节。

注：金蝶KIS的报表公式根据不同行业已经正确设置，在非人为因素下不会出错。报表的取数科目是新建账套时的科目，建议用不上的科目都尽量保留，以省去调整报表的麻烦。

（2）资产负债表打印

若报表中的数据正确，并双方平衡，可以将正确报表打印输出，具体步骤如下：

① 选择菜单"文件"→"打印预览"命令，或单击工具栏上的"预览"按钮。第一次使用"预览"功能时，系统提示"请重新设置打印机"，单击"确定"按钮后，再选择"文件"菜单下的"打印设置"命令，进行打印机设置，请注意"纸张大小"和"方向"的设置，如图 6-32 所示。

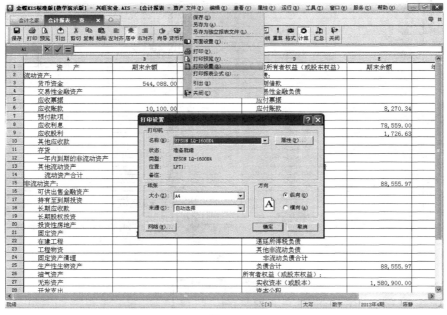

图 6-32

在此采用默认值，单击"预览"按钮，系统进入预览窗口，如图 6-33 所示。

第 6 天　期末处理和报表的生成与分析

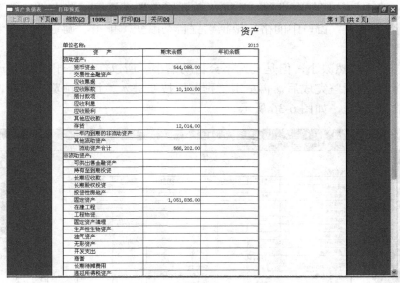

图 6-33

在预览窗口中，可以看到当前报表在一张纸上无法显示，这是因为使用的 A4 纸张不够大。要使所有数据显示在一张纸的方法有两种，一种是将"打印设置"对话框中的"纸张大小"改为"A3"纸张，前提是所选的打印机支持 A3 纸张；另一种是在 A4 纸张基础上进行格式的调整，在这里重点讲解第二种方法。

② 通过预览窗口，我们发现列宽有调整的余地。单击"关闭"按钮，退出预览窗口。在"会计报表-资产负债表"窗口中，将光标移至列与列之间的竖线上调整列宽，之后再单击"预览"按钮，在预览窗口中我们发现还有一列没有显示出来，并且已没有调整余地，这时只能更改字体大小以达到要求格式。

③ 单击预览窗口中的"关闭"按钮，返回"会计报表-资产负债表"窗口，单击左上角单元格全选表格，再选择菜单"属性"→"单元属性"命令，系统弹出"单元属性"对话框，如图 6-34 所示。

单元属性主要是针对当前单元格的格式设置，如字体、对齐方式等设置。

④ 单击"字体"按钮，系统弹出"字体"设置对话框，在"大小"栏选中"8"号，其他不变，如图 6-35 所示。

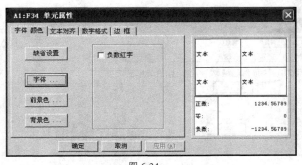

图 6-34

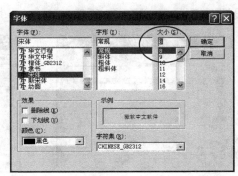

图 6-35

173

⑤ 单击“确定”按钮保存设置，返回“单元属性”对话框，单击“应用”按钮，这时“会计报表-资产负债表”窗口中的格式根据设置自动改变。单击“确定”按钮返回“会计报表-资产负债表”窗口。

⑥ 报表的字体虽然改小，但是列宽不会自动缩小，所以在“会计报表-资产负债表”窗口中还需调整列宽。调整完成后，再单击“预览”按钮进入“打印预览”窗口，现在报表的格式和位置都比较合适，如图 6-36 所示。

资产负债表

会企01表

单位名称：　　2013年3月31日　　单位：元

资　产	期末余额	年初余额	负债和所有者权益（或股东权益）	期末余额	年初余额
流动资产：			流动负债：		
货币资金	544, 088. 00		短期借款		
交易性金融资产			交易性金融负债		
应收票据			应付票据		
应收账款	10, 100. 00		应付账款	8, 270. 34	
预付款项			预收款项		
应收利息			应付职工薪酬	78, 559. 00	
应收股利			应交税费	1, 726. 63	
其他应收款			应付利息		
存货	12, 014. 00		应付股利		
一年内到期的非流动资产			其他应付款		
其他流动资产			一年内到期的非流动负债		
流动资产合计	566, 202. 00		其他流动负债		
非流动资产：			流动负债合计	88, 555. 97	
可供出售金融资产			非流动负债：		
持有至到期投资			长期借款		
长期应收款			应付债券		
长期股权投资			长期应付款		
投资性房地产			专项应付款		
固定资产	1, 051, 836. 00		预计负债		
在建工程			递延所得税负债		
工程物资			其他非流动负债		
固定资产清理			非流动负债合计		
生产性生物资产			负债合计	88, 555. 97	
油气资产			所有者权益（或股东权益）：		
无形资产			实收资本（或股本）	1, 580, 900. 00	
开发支出			资本公积		
商誉			减:库存股		
长期待摊费用			盈余公积		
递延所得税资产			未分配利润	-51, 417. 97	

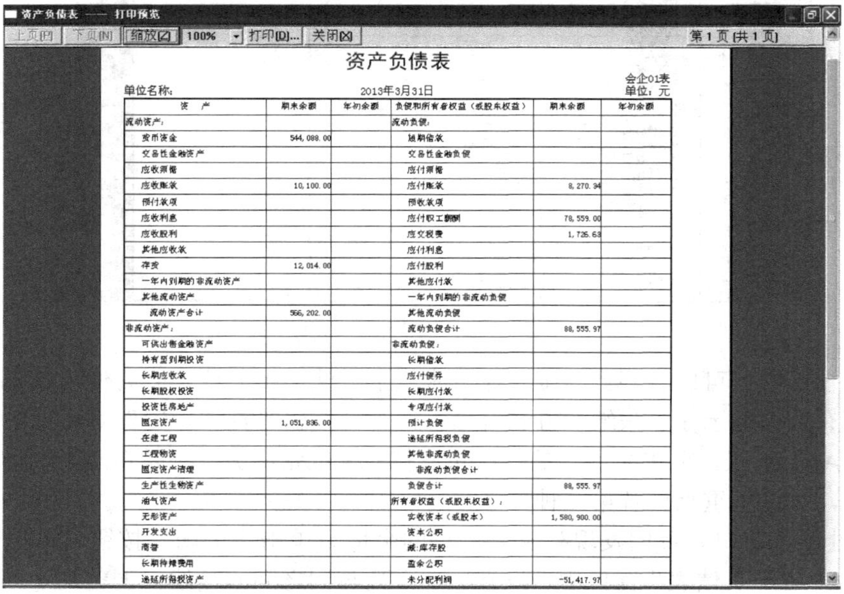

图 6-36

如果对所显示的格式不满意，可以随时返回“会计报表-资产负债表”窗口中进行调整，直到效果满意为止。如果在一张 A4 纸上打印出来不美观，建议使用稍大纸张。

现在格式和纸张大小已经调整到合适状态，通过“打印预览”窗口，发现编制单位没有设置完成。

⑦ 单击“属性”菜单下的“报表属性”命令，系统弹出“报表属性”对话框，单击“页眉页脚”选项卡，如图 6-37 所示。

⑧ 选中编制单位页眉记录，单击“编辑页眉页脚”按钮，系统弹出“自定义页眉页脚”设置对话框，如图 6-38 所示。

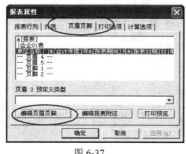

图 6-37

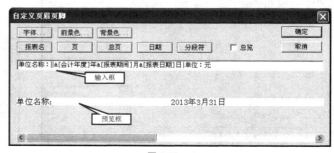

图 6-38

- 字体：对所选中的内容进行字体设置。
- 报表名：插入此项时会自动显示当前报表的名称。
- 页：插入此项时会自动显示第几页。
- 总页：插入此项时会自动显示共几页。
- 日期：插入此项时会自动显示计算机当前的日期。
- 分段符：对当前页眉或页脚进行平均分段。

对话框中部的记录是输入框，下部则显示输入内容。

⑨ 将光标移到"单位名称："后，输入"兴旺实业"，设置完成后单击"确定"按钮，返回"会计报表-资产负债表"窗口，显示打印预览效果，所得的新格式如图6-39所示。

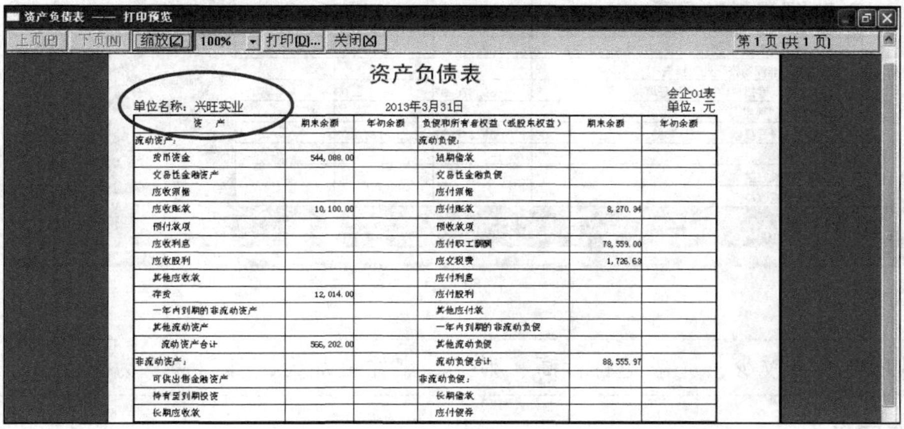

图 6-39

报表格式和公式设置完成，单击"关闭"按钮，系统弹出"信息提示"对话框，如图6-40所示。

图 6-40

若想保存在"会计报表-资产负债表"窗口所做的操作，单击"是"按钮；若要保持原来的状态，单击"否"按钮；若还想继续查看报表，单击"取消"按钮。

至此，整个报表的操作基本完成，复杂的是"报表属性"设置，读者在此时要多体会。

2. 利润表

利润表的查看和设置方法与资产负债表类似。

（1）单击"报表与分析"模块下的"利润表"选项，系统进入"会计报表-利润表"窗口。

（2）单击"运行"菜单下的"报表重算"命令，系统会自动对报表中的数据进行计算，如图6-41所示。有关报表格式调整请参照"资产负债表"的练习。

	项 目	本月数	本期金额	上期金额
2	一、营业收入	12,735.03	167,005.03	
3	减：营业成本	20,154.00	98,261.00	
4	营业税金及附加			
5	销售费用	1,440.00	18,890.00	
6	管理费用	34,032.00	46,492.00	
7	财务费用	100.00	100.00	
8	资产减值损失			
9	加：公允价值变动收益（损失以“-”号填列）			
10	投资收益（损失以“-”号填列）			
11	其中：对联营企业和合营企业的投资收益			
12	二、营业利润（亏损以“-”号填列）	-42,990.97	3,262.03	
13	加：营业外收入	3,614.00	3,614.00	
14	减：营业外支出			
15	其中：非流动资产处置损失			
16	三、利润总额（亏损总额以“-”号填列）	-39,376.97	6,876.03	
17	减：所得税费用			
18	四、净利润（净亏损以“-”号填列）	-39,376.97	6,876.03	
19	五、每股收益：			
20	（一）基本每股收益			
21	（二）稀释每股收益			

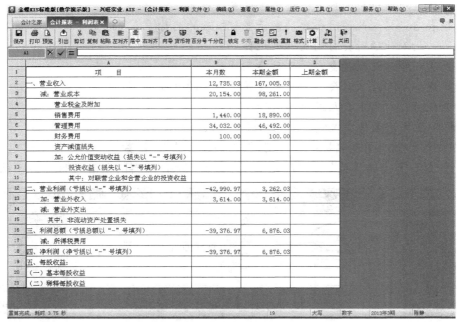

图 6-41

注：利润表内容较少，一般是将行高、列宽、字体值加大，直到满意为止。

3. 自定义报表

财务工作中报表多种多样，不同企业有不同的要求，不同领导需要不同的报表，金蝶 KIS 可以自行定义所需要的报表，定义方式与 Excel 类似，十分方便。

定义图 6-42 所示应收账款情况表，具体步骤如下。

（1）单击“报表与分析”模块下的“自定义报表”选项，系统弹出“会计报表”选择对话框，如图 6-43 所示。

应收账款情况表

单位名称：兴旺实业

名称	本期期初	本期增加货款	本期收款	余额
深圳科林	8600	4800	13400	0
东莞丽明	8800	5600	10000	4400
深圳爱克	0	450	0	450
深圳永昌	0	0	0	0
东莞美志	0	0	0	0

第1页　　总页：1

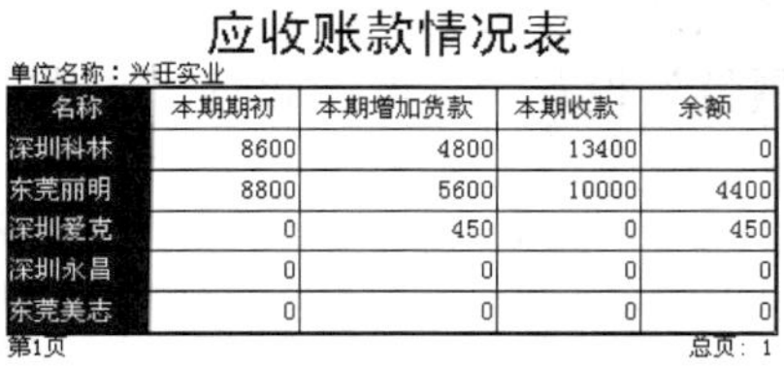

图 6-42

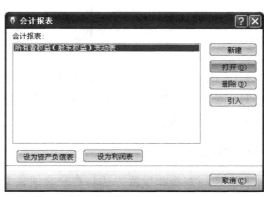

图 6-43

- 新建：单击“新建”按钮弹出一个空白“会计报表”设置对话框，定义好的报表经保存后，能直接在“会计报表”选择对话框打开。

- 打开：选中所需报表，单击"打开"按钮进入报表查询窗口。
- 删除：将所选中的报表删除。
- 引入：从其他账套引入报表。
- 设为资产负债表：将选中的报表设为资产负债表。
- 设为利润表：将选中的报表设为利润表。

（2）单击"新建"按钮，系统进入一个空白"会计报表"窗口。

（3）单击"查看"菜单下的"显示公式"命令，切换到可编辑状态，如图6-44所示。

图6-44

- 显示公式：显示当前报表中所设置的公式，"显示公式"状态下可以进行格式编辑。
- 显示数据：计算当前报表中的公式，并显示结果数据。

> 注：在"显示公式"或"显示数据"状态下所进行的格式编辑，效果以"打印预览"显示的格式为准。

（4）在"A1"单元格中输入"名称"，在"A2"单元格中输入"深圳科林"，在"A3"单元格中输入"东莞丽明"，在"A4"单元格中输入"深圳爱克"，在"A5"单元格输入"深圳永昌"，在"A6"单元格中输入"东莞美志"，在"B1"单元格输入"本期期初"，在"C1"单元格输入"本期增加货款"，在"D1"单元格输入"本期收款"，在"E1"单元格输入"余额"，如图6-45所示。

（5）在"B2"单元格取"应收账款"下"深圳科林"的期初余额数据。单击工具栏上的"向导"按钮，或选择"编辑"菜单下的"公式向导"命令，系统弹出"自定义报表公式向导"对话框，如图6-46所示。

图6-45

图6-46

● 账上取数：可以随意设置科目范围、会计年度、会计期间和取数类型，有"项目类别"核算的科目可以设置项目范围。将条件设置好单击"填入公式"按钮，保存后在"会计报表"窗口中计算出数据。

● 表间取数：可以取报表中任意单元格的数据，如图6-47所示。

选中报表名称，在"单元名称"处输入位置号，如"B2"。

● 运算函数：选中函数名称，输入函数参数，单击"填入公式"按钮，方法请参考备注，如图6-48所示。

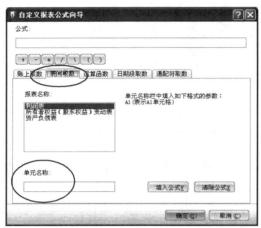

图6-47   图6-48

● 日期段取数：类似"账上取数"，不同点是可以设置时间段范围，界面如图6-49所示。

● 通配符取数：具体方法请看备注，如图6-50所示。

   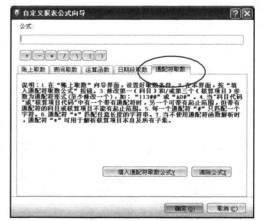

图6-49   图6-50

在"B2"单元格取"应收账款"下"深圳科林"的期初余额数据的步骤如下。

① 在"自定义报表公式向导"对话框中"账上取数"选项卡的"科目代码"处按F7功能键获取科目"1122"范围。

② "项目类别"改为"往来单位","项目代码"范围为"1001"。取数所涉及的时间可以任意设置,如取某个会计年度中某个会计期间的数据,这里"会计年度"选择"本年","取数类型"为"期初余额"。

③ 单击"填入公式"按钮,将所设置的公式填入到"公式"栏中。设置好公式的对话框如图6-51所示。

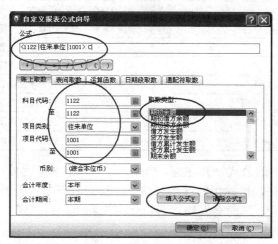

图 6-51

④ 单击"确定"按钮将公式填写到"会计报表"窗口,若需保存当前所设置的公式,一定要单击编辑栏中的"√"(确认)按钮,反之单击"X"(取消)按钮,如图6-52所示。

图 6-52

表6-4所示为取数类型代码及其说明。

表 6-4　　　　　　　　　　　取数类型代码及其说明

代　码	说　明	代　码	说　明
省略	本期期末余额	B	取科目预算数据
C	期初余额	TC	折合本位币期初余额
JC	借方期初余额	TJC	折合本位币借方期初余额
DC	贷方期初余额	TDC	折合本位币贷方期初余额

179

续表

代码	说明	代码	说明
AC	期初绝对余额	TAC	折合本位币期初绝对余额
Y	期末余额	TY	折合本位币期末余额
JY	借方期末余额	TJY	折合本位币借方期末余额
DY	贷方期末余额	TDY	折合本位币贷方期末余额
AY	期末绝对余额	TAY	折合本位币期末绝对余额
JF	借方发生额	TJF	折合本位币借方发生额
DF	贷方发生额	TDF	折合本位币贷方发生额
JL	借方本年累计发生额	TJL	折合本位币借方本年累计发生额
DL	贷方本年累计发生额	TDL	折合本位币贷方本年累计发生额
SY	损益表本期实际发生额	TSY	折合本位币损益表本期实际发生额
SL	损益表本年实际发生额	TSL	折合本位币损益表本年实际发生额

（6）将其余单元格中的公式补充完整，操作方法同第 5 步。另外，还可以采用填充方法。将光标移到"B2"单元格，鼠标指针移动到该单元格的右下角，当出现"填充"字样时，按住鼠标左键向下填充即可，这时会发现"科目代码"和"项目代码"已经自动累加 1，再将"科目代码"修改回"1122"即可。

注：科目代码修改后一定要单击编辑栏上的"√"（确认）按钮。

公式设置完成后的"会计报表"窗口如图 6-53 所示。

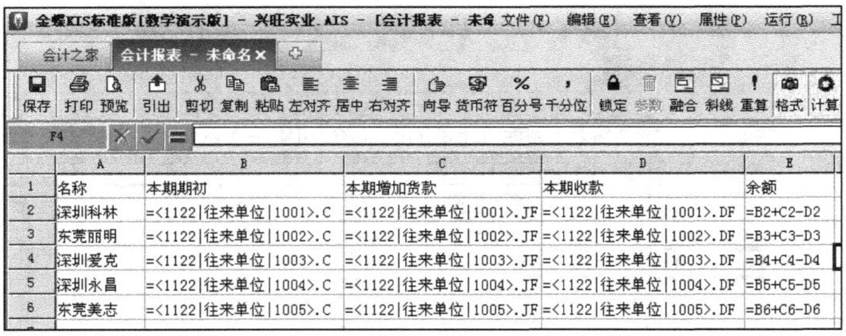

图 6-53

（7）单击"查看"菜单下的"显示数据"命令，切换数据状态，并调整列宽。

（8）单击"预览"按钮，进入"打印预览"窗口，这时发现有多余空白单元格，并且显示不完整，如图 6-54 所示。

图 6-54

（9）单击"关闭"按钮返回"会计报表"窗口，选择"属性"菜单下的"报表属性"命令，系统弹出"报表属性"对话框，在"报表行列"选项卡中将"总行数"设为"6"，"总列数"设为"5"，如图6-55所示。

单击"确定"按钮保存设置，系统会隐藏空白单元格，"打印预览"窗口中不再显示。

通过"打印预览"窗口发现表格的第一行项目偏左，并且"名称"下的所有项目没有背景色。

（10）选中第一行，单击工具栏上的"居中"按钮。选中"A"列，选择"属性"菜单下的"列属性"命令，系统弹出"列属性"对话框，如图6-56所示。

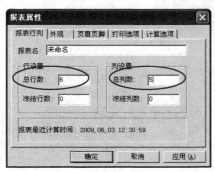

图 6-55

图 6-56

将"前景色"改为"白色"，"背景色"改为"黑色"，单击"确定"按钮。

（11）单击"保存"按钮，系统弹出"保存报表"对话框，在"报表名称"处输入"应收账款情况表"，单击"确定"按钮进行保存，如图6-57所示。

（12）修改页眉页脚。

① 单击"属性"菜单下的"报表属性"命令，系统弹出"报表属性"对话框，在"页眉页脚"选项卡中选择第一条页眉<报表名称>，单击"编辑页眉页脚"按钮，系统弹出"自定义页眉页脚"对话框。

② 将输入框中的<报表名称>删除，再单击上方的"报表名"按钮进行替换，这时在预览框中可以看到显示的是"应收账款情况表"，如图6-58所示。

图 6-57

图 6-58

③ 单击"确定"按钮返回"报表属性"对话框。

④ 选中第二条记录"|第&[页]页"，单击"编辑页眉页脚"按钮，在"自定义页眉页脚"对话框中的输入框将其删除，单击"确定"按钮返回"报表属性"对话框。

⑤ 选中"页脚1"，单击"预定义类型"下拉列表框，选中"第&[页]页|| 总页:&[总页]"选项，表示已经将"页脚1"改为此格式，如图6-59所示。

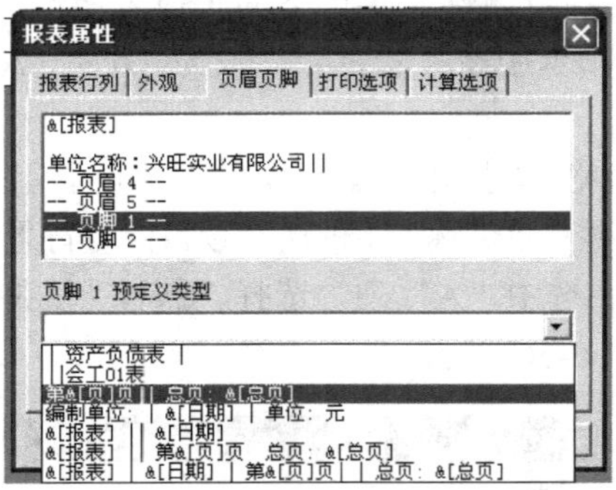

图 6-59

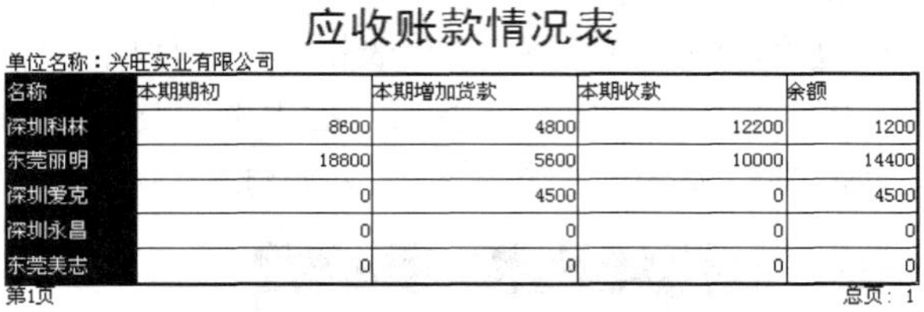

应收账款情况表

单位名称：兴旺实业有限公司

名称	本期期初	本期增加货款	本期收款	余额
深圳科林	8600	4800	12200	1200
东莞丽明	18800	5600	10000	14400
深圳爱克	0	4500	0	4500
深圳永昌	0	0	0	0
东莞美志	0	0	0	0

第1页　　总页：1

图 6-60

⑥ 单击“确定”按钮保存格式的更改。单击“预览”按钮进行格式预览，最后格式如图 6-60 所示。

至此，应收账款情况表已经设置完成。若项目内容、公式需修改，先删除再重新输入即可；若格式需修改，选中格式后单击“属性”菜单下的相应命令，或工具栏上的相应按钮修改即可。

4. 常用菜单命令介绍

（1）“文件”菜单

① 另存为独立报表文件：将当前报表存为独立报表文件，经常应用在其他账套也需要使用该类报表时，但使用的前提是两个账套之间的行业属性相同，不同时则需在接收账套后进行相应修改。

② 打开独立报表文件：在该账套引入保存的独立报表文件。

③ 打印报表公式：输出当前报表中的公式，可自由设置打印选项和字体等。

（2）“查看”菜单

会计期间：可以查看某个期间报表的数据。

（3）“属性”菜单

① 单元属性：设置选中单元格的颜色、字体、对齐方式和边框线等内容。其下级菜单还有定义斜线、融合单元格等内容。

② 行属性：定义选定行的颜色、字体、对齐方式等内容。

③ 列属性：定义选定列的颜色、字体、对齐方式等内容。

④ 报表属性：定义当前报表的颜色、字体、对齐方式、页眉页脚等内容。

（4）“运行”菜单

① 报表重算：报表选项或公式修改后重新计算获得数据。

② 终止计算：在重新计算时终止操作。

③ 自动计算：改变任意单元格公式或数值后，系统自动计算此单元及相关联单元的值。

④ 手动计算：改变单元格公式后，系统不自动计算该单元公式及相关单元的值。在编辑大量单元公式并且计算较慢时，选择该命令较为适宜。

6.2.2 报表分析

金蝶 KIS 根据财务分析的基本原理，提供了对企业的财务状况、资金运作状况、损益状况以及用户要求的对其经济活动的结构、比较、趋势、比率等方面的分析,并可对每一分析结果以文字、数字、图形等多种形式显示输出。

1. 资产负债分析

金蝶 KIS 的"资产负债分析"功能对企业截止报告期的资产、负债及所有者权益的结构、比例及变化趋势等情况进行分析。分析方法可分为结构分析、比较分析、趋势分析、比率分析 4 种。

(1)单击"报表与分析"模块下的"资产负债分析"选项,系统进入"资产负债分析"窗口,如图 6-61 所示。

(2)单击工具栏上的"条件"按钮,系统弹出"报表分析选项"对话框,如图 6-62 所示。

图 6-61　　　　　　　　　　　　图 6-62

(3)在对话框中设置"分析方法"、"报告期"和"报告期间类别",然后单击"确定"按钮,系统会生成新的"资产负债分析"报表。

(4)若需要比率分析,可单击工具栏上的"图形"按钮,系统显示出资产构成图,如图 6-63 所示。

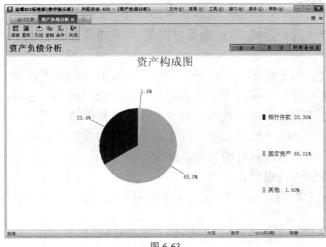

图 6-63

用户可以通过"报表"与"图形"按钮在两者之间切换。

2. 财务指标分析

金蝶 KIS 提供能反映企业财务状况、资金运作能力、偿债能力及盈利能力的 20 个财务指标分析。单击"报表与分析"模块下的"财务指标分析"选项，系统进入到"财务指标分析"窗口，如图 6-64 所示。

3. 利润分析

金蝶 KIS 的"利润分析"功能针对企业本期、本年累计及任一会计期间的盈利状况和盈利能力进行分析。分析方法又可分为结构分析、比较分析、趋势分析、比率分析等 4 种。

操作方法同资产负债分析，"利润分析"窗口如图 6-65 所示。

图 6-64   图 6-65

4. 自定义报表分析

因企业管理要求不同，金蝶 KIS 为用户提供"自定义报表分析"功能，用户可以自定义报表，并进行分析。

下面以建立管理费用分析表为例，介绍自定义报表分析的设置步骤。

（1）单击"报表与分析"模块下的"自定义报表分析"选项，系统弹出"自定义报表分析"选择窗口，单击"新建"按钮进入"自定义报表分析"查询窗口。

（2）在第一条记录下的"计算公式"处按 F7 功能键获取"660201"科目，这时系统会在"项目名称"下自动显示该科目的名称，如图 6-66 所示。

（3）将其余科目输入该报表。

（4）单击"保存"按钮，系统弹出"保存报表"对话框，输入"管理费用分析表"，如图 6-67 所示。

图 6-66

图 6-67

（5）单击"确定"按钮保存报表。

（6）单击工具栏上的"报表"和"图形"按钮，可以得到分析结果，单击"数据来源"下拉按钮，可以对不同发生额进行切换，如图 6-68 所示。

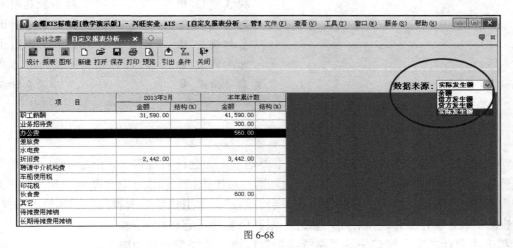

图 6-68

课后习题

1．做自动转账设置时，转账方式有哪几种？
2．自动转账生成凭证时，能否直接生成和所有生成一起使用，为什么？
3．期末调汇时汇率能否修改？
4．本课所有操作的前提是_____。
5．反结账的快捷键是_____。
6．执行报表操作时，如果报表中的数据有错误，那么可能的原因是什么？
7．金蝶 KIS 的报表公式已经正确设置，为避免修改公式，建账时应注意什么？
8．利用公式向导建立公式时最后一步操作是什么？
9．金蝶 KIS 中分析方法有哪几种？

第 7 天 系统维护和高级应用

学习重点

- 结算方式
- 模式凭证
- 账套选项
- 套打设置
- 账套修复
- 资产负债表
- 更换计算机后的用户管理
- 初始数据引入
- 凭证引入引出
- 报表引入引出
- 年度账套的打开方式
- 报表分析

7.1 系统维护

"系统维护"模块在金蝶 KIS 中占据重要地位，如会计科目管理、新增币别、备份账套数据等操作都是在"系统维护"模块下进行的。"系统维护"模块包含"基础资料"和"系统维护"两项，"基础资料"主要管理币别、会计科目、常用摘要等内容的新增和修改等操作；"系统维护"主要对账套选项、用户管理、账套修复等内容进行管理。

单击"会计之家"窗口中的"系统维护"模块，系统切换到如图 7-1 所示界面。

图 7-1

7.1.1 基础资料

1. 币别管理

"币别"功能可以完成对账套财务核算时所遇到的外币币种进行查看、增加、修改、删除等操作。新增币别可参见"1.3.2 币别设置"小节。

当前的操作"会计期间"已经是"2013 年 4 期"（见图 7-1 右下角），将"港币"4 期的期初汇率由"0.808"更改为"0.807"，具体操作步骤如下。

（1）单击"系统维护"模块下的"币别"选项，系统弹出"币别"对话框，如图 7-2 所示。

（2）选中"港币"记录，单击"修改"按钮，系统弹出"币别"管理对话框。在"期间 4"处的"期初汇率"中输入"0.807"，如图 7-3 所示。

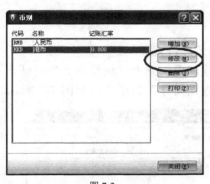

图 7-2

图 7-3

（3）单击"确定"按钮保存设置。

注：记账汇率是参照值，在实际输入凭证时，可以更改外币的实时汇率进行记账。

2. 凭证字

"凭证字"功能可以对当前账套所需使用的凭证字进行管理，如收、付、转等凭证字，操作方法请参见"2.1.1 修改凭证字"小节。

3. 结算方式

"结算方式"功能定义系统使用结算类科目时的结算方式，如支票、汇票、汇兑等。系统中已经预设有"支票"结算方式，现以增加"汇票"结算方式为例进行介绍，方法如下。

（1）单击"系统维护"模块下的"结算方式"选项，系统弹出"结算方式"对话框，如图 7-4 所示。

（2）单击"新增"按钮，弹出"结算方式"管理对话框。在"结算方式名称"处输入"汇票"，如图 7-5 所示。

（3）单击"增加"按钮保存设置。
（4）单击"关闭"按钮退出"结算方式"管理对话框，结果如图7-6所示。

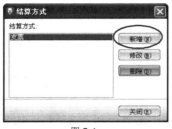

图 7-4

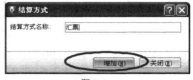

图 7-5

4. 核算项目

"核算项目"功能可以对该账套所用到的项目进行新增、修改等操作，基本操作方法请参见"1.3.1 核算项目"小节。下面讲述"过滤"和"禁用"功能的使用方法。

（1）核算项目过滤

"过滤"功能是显示满足查询条件的核算项目。

下面以过滤名称中带有深圳的往来单位为例，介绍"过滤"功能的操作方法。

① 单击"系统维护"模块下的"核算项目"选项，系统弹出"核算项目"对话框。
② 单击对话框中的"过滤"按钮，系统弹出"查询向导"对话框，如图7-7所示。

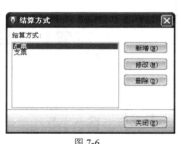

图 7-6

图 7-7

- ＞：将选中的"可用属性"记录填加到"查询中用到的属性"框。
- ＜：将选中的"查询中用到的属性"记录填加到"可用属性"框。
- 》：将所有的"可用属性"记录填加到"查询中用到的属性"框。
- 《：将所有的"查询中用到的属性"记录填加到"可用属性"框。

③ 选中"可用属性"下的"核算项目名称"，单击"＞"按钮，或双击鼠标左键，这时系统将"核算项目名称"填加到"查询中用到的属性"框中。

④ 单击"下一步"按钮，弹出条件设置对话框。选中"核算项目名称"，在"比较关系"选择"含有"，在"条件"中输入"深圳"，如图7-8所示。

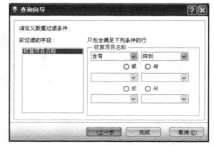

图 7-8

⑤ 单击"完成"按钮，系统将显示满足条件的记录，如图 7-9 所示。

图 7-9

（2）核算项目禁用

"禁用"功能是将长期没有发生业务，并且余额为零的项目隐藏起来暂不使用，其使用的前提是本期无业务发生、当前余额为零和相关往来业务已经核销。

下面以禁用"深圳东方货运"项目，并恢复使用为例，介绍"禁用"功能的操作方法。

① 单击"系统维护"模块下的"核算项目"选项，在弹出的"核算项目"对话框中选择"往来单位"选项卡下的"深圳东方货运"项目，单击"禁用"按钮，如图 7-10 所示。

② 系统会将"深圳东方货运"项目隐藏，选中对话框中的"显示可恢复的禁用项目"选项，系统会将已经禁用的项目显示出来，如图 7-11 所示。

图 7-10

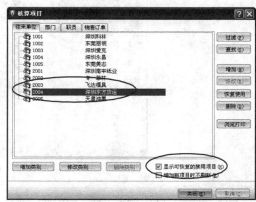

图 7-11

请注意已禁用的项目与没有禁用的项目颜色之间的区别。

③ 单击"恢复使用"按钮可以将"深圳东方货运"项目恢复为可使用状态。

5．会计科目

"会计科目"功能对账套中的会计科目进行管理工作，如更改科目名称、修改属性设置等操作。

单击"系统维护"模块下的"会计科目"选项，系统弹出"会计科目"对话框，如图 7-12 所示。

图 7-12

- 复制：为提高会计科目的设置效率，可以由源科目生成目标科目。
- 预算：输入科目的预算数据，以便在财务分析时对各指标和与其相应的计划数或预算数进行对比，借以检查企业预算的执行情况。成本及损益类科目要输入发生数，其他类科目要输入余额。系统自动对成本及损益类科目的预算数据进行合计，并且可以根据实际需要，对预算数进行调整。具体操作步骤如下。

（1）单击"预算"按钮，系统弹出"科目预算"设置对话框，如图 7-13 所示。

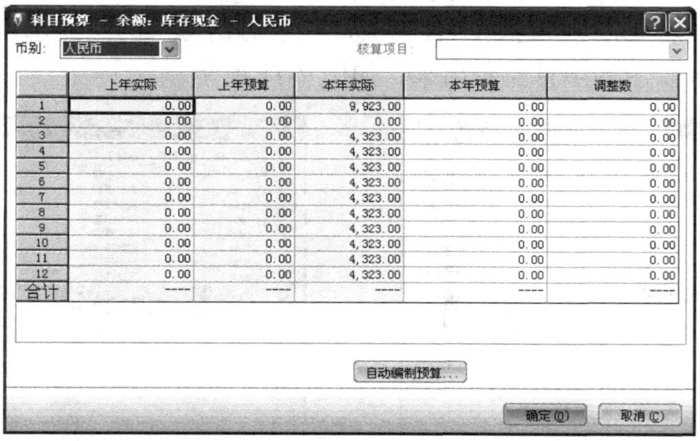

图 7-13

（2）单击"自动编制预算"按钮，系统弹出"自动编制预算"对话框，如图 7-14 所示。
（3）在对话框中设置"数据来源"和"比例数"，单击"确定"按钮保存设置。

6．常用摘要

"常用摘要"功能是将经常使用到的摘要保存起来，以便在输入凭证时直接调用，以省去手工输入摘要的麻烦。基本操作方法可以参见"2.1.2 凭证输入"小节中有关摘要的设置。下面介绍从其他账套（如"Sample"账套）中引入摘要的方法。

（1）单击"系统维护"模块中的"常用摘要"选项，系统弹出"摘要"对话框。

（2）单击"引入"按钮，系统弹出"引入摘要的源账套"对话框，选中"Sample"账套，如图 7-15 所示。

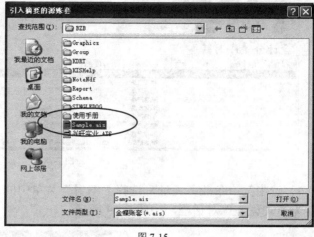

图 7-14　　　　　　　　　　　　　　　　　图 7-15

（3）单击"打开"按钮，系统经后台处理后弹出如图 7-16 所示"信息提示"对话框。
（4）单击"确定"按钮，这时可以在"摘要"对话框中看到引入的记录，如图 7-17 所示。

图 7-16　　　　　　　　　　　　　　　　　图 7-17

7. 模式凭证

"模式凭证"功能与复制凭证功能相似，可以将经常使用到的凭证，如费用报销、应收、应付等凭证，保存成模式凭证，在下次使用时直接引入，简单修改即可生成新的凭证。

做模式凭证处理时，使用"系统维护"模块下的"模式凭证"选项操作比较复杂，下面介绍一种简单的操作方法。例如，保存"销售产品"类凭证为模式凭证，并在 2013 年 4 月 3 日销售东莞美志产品 450 元。

（1）单击"账务处理"模块中的"凭证查询"选项，查询到"摘要"中含有"销售产品"

的凭证，如图 7-18 所示。

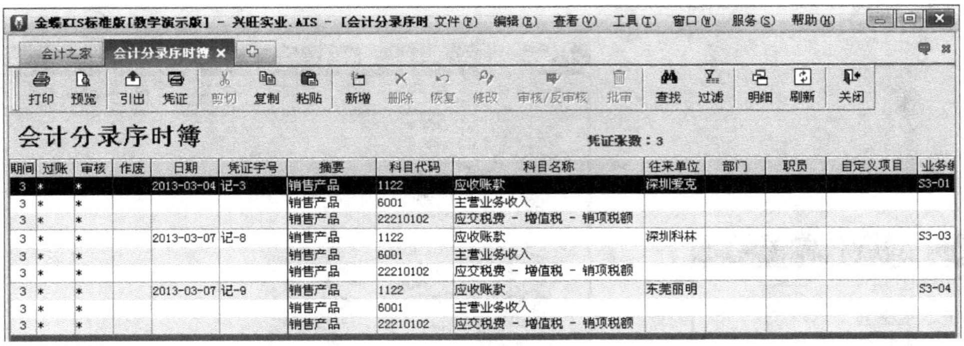

图 7-18

（2）选中第一条业务凭证，选择"编辑"菜单中的"保存为模式凭证"命令，系统弹出"保存为模式凭证"对话框，如图 7-19 所示。

图 7-19

（3）对话框中的项目设置好后，单击"确定"按钮保存。

（4）在"会计分录序时簿"窗口，单击工具栏上的"新增"按钮，系统弹出一个空白"记账凭证"输入窗口。单击"模板"按钮，系统弹出"模式凭证"选择框，如图 7-20 所示。

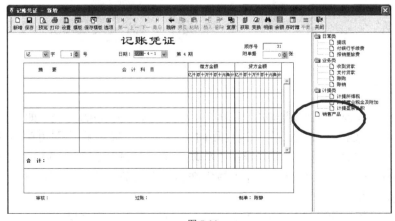

图 7-20

（5）选中"销售产品"模式凭证记录，单击"确定"按钮，进入"记账凭证"处理窗口，如图 7-21 所示。

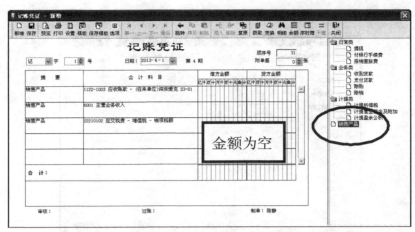

图 7-21

（6）修改相应内容，如日期、往来单位、业务号、金额等，最后完成的凭证如图 7-22 所示。
（7）单击"保存"按钮进行凭证保存。

模式凭证就像一张模板，当系统建立好模板并保存后，在以后日常使用中直接调用即可，这样可以提高工作效率。

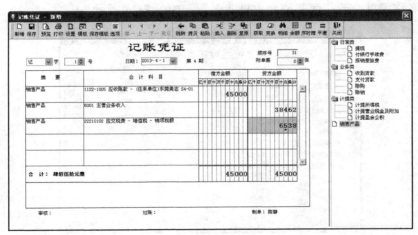

图 7-22

系统中已为用户预设部分模板，可以随时选用。

7.1.2 系统维护

1．账套选项

账套选项包括账务处理时的重要信息和会计政策，如记账凭证字号的设置、账簿余额输出方向、固定资产折旧要素变动后的会计政策等。用户须慎重定义各选项，某些选项经设置后，不宜经常变动，否则会影响会计处理的一致性。

单击"系统维护"模块下的"账套选项"选项，系统弹出"账套选项"对话框，如图7-23所示。

图 7-23

（1）"公司信息"选项卡

设置本账套中的公司名称、税务登记号和开户银行及账号等信息。

（2）"账套参数"选项卡

该选项卡包括建立账套时设置的参数，如记账本位币、科目代码结构、账套启用会计期间等。账套名称可以修改，而其他参数只能查看，如图7-24所示。

图 7-24

（3）"凭证"选项卡

"凭证"选项卡如图7-25所示。

● 增加和修改凭证时允许改变凭证字号：选中表示在输入或修改凭证时凭证号可以修改，反之，则不可以。

● 凭证输入时自动填补断号：选中表示凭证输入时会自动填补断号。

● 输入外币凭证时由本位币自动折算原币：选中表示在输入外币凭证时由本位币自动折算原币。

第7天 系统维护和高级应用

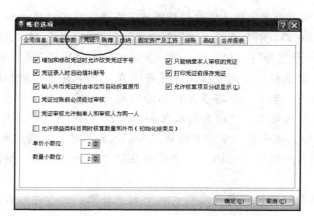

图 7-25

- 凭证过账前必须经过审核：若不选中，表示系统在过账时不检验凭证是否审核。
- 允许损益类科目同时核算数量和外币（初始化结束后）：选中，则账套启用后损益类科目可以同时核算数量和外币。
- 只能销章本人审核的凭证：选中，同一登录用户只能销章本人所审核的凭证。
- 打印凭证前保存凭证：选中，则在打印凭证时，若凭证没被保存，系统给予提示：请先保存凭证。
- 允许核算项目分级显示：选中，则允许建立核算项目分级。

（4）"账簿"选项卡

单击"账簿"选项卡，切换到"账簿"对话框，如图 7-26 所示。

- 账簿余额方向：设置账簿中输出时的余额方向。若"应收账款"科目的余额方向为"借方"，可以选择第二项。如果余额变为负数，系统就会显示为借方红字。如果选择第一项，则会将借方红字显示为贷方。
- 账簿排列顺序：确定生成明细账时的排列方式。
- 可以在明细账中打印日记账：选中表示可以在明细账中打印日记账。

（5）"出纳"选项卡

"出纳"选项卡包含该账套的企业信息和出纳系统信息。单击"出纳"选项卡，切换到"出纳"对话框，如图 7-27 所示。

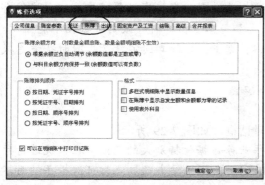

图 7-26

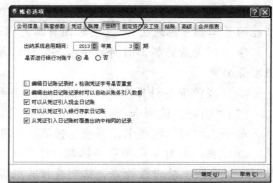

图 7-27

● 出纳系统：用以确定出纳系统启用期间及是否进行银行对账。如果选择"是"，则在输入记账凭证时，对于银行存款科目要输入"结算方式"和"结算号"，在银行日记账中也会相应地输出"结算方式"和"结算号"；如果选择"否"，则不涉及"结算方式"和"结算号"两项。

● 编辑日记账记录时，检测凭证字号是否重复：选中表示在增加现金或银行存款日记账时，系统自动检测凭证字号，若有重复，则给出提示，反之，则不会有任何提示。

● 编辑出纳日记账记录时可以自动从账务引入数据：选中表示在现金日记账和银行日记账中，当输入凭证字和凭证号时，系统自动从账务引入数据填充到借方或贷方金额对话框中。

● 可以从凭证引入现金日记账：选中表示在做"现金日记账"登记时可以从凭证引入现金日记账数据。

● 可以从凭证引入银行存款日记账：选中表示在做"银行存款日记账"登记时可以从凭证引入银行存款日记账数据。

● 从凭证引入日记账时覆盖出纳中相同的记录：选中表示当引入记录相同时自动覆盖旧的记录。

（6）"固定资产及工资"选项卡

单击"固定资产及工资"选项卡，切换到"固定资产及工资"设置对话框，如图7-28所示。

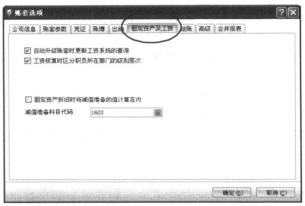

图7-28

● 自动升级账套时更新工资系统的查询：选中表示在系统升级时保留禁用、删除和已经离职的职员的工资数据。

● 工资核算时区分职员所在部门的级别层次：选中表示在工资核算时，系统会将所有可能的员工都考虑进去，避免有时因员工离职或不再参与工资核算时导致员工数据不能显示。

● 固定资产折旧时将减值准备的值计算在内：选中，当计算固定资产折旧时将考虑减值准备金额。

● 减值准备科目代码：设置减值准备科目代码。

（7）"结账"选项卡

单击"结账"选项卡，系统切换到"结账"对话框，如图7-29所示。

● 在年结时不采用事务机制：对于一些每年业务数据量特别大的企业，在系统进行年结时可能会因系统内置的事务机制或计算机容量限制而使得年结失败。此时可选择年结时不采用事务机制。

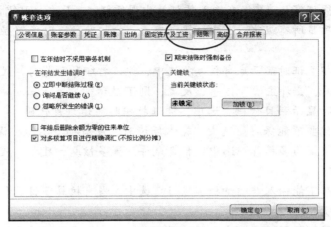

图 7-29

- 在年结发生错误时：设置年结发生异常错误时的处理方法。
- 年结后删除余额为零的往来单位：选中表示在年结后系统会删除"核算项目—往来单位"中余额为零的往来单位。
- 期末结账时强制备份：选中表示在期末结账时系统强制进行备份，不备份则不能期末结账。不选，则在进行期末结账时可以取消备份。

(8) "高级"选项卡

单击"高级"选项卡，系统切换到"高级"对话框，如图 7-30 所示。

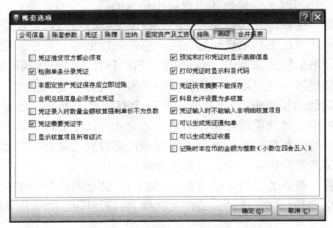

图 7-30

- 凭证借贷双方都必须有：选中，表示凭证借贷双方都要有会计分录。
- 检测单条分录凭证：如果未选中"凭证借贷双方都必须有"，则选择此项后，在凭证输入时，如果只有单条分录，系统检测后不予保存并给予提示。
- 非固定资产凭证保存后立即过账：选中，非固定资产凭证保存后立即过账。
- 合同兑现信息必须生成凭证：选中，必须生成凭证，反之，不用生成凭证。
- 凭证输入时数量金额核算强制单价不为负数：选中，则对以数量金额核算的科目强制单价不为负数。

- 凭证需要凭证字：选中，在输入凭证时出现凭证字，反之，无凭证字，只有凭证号。
- 显示核算项目所有级次：选中，凭证查看、打印和预览时能够显示核算项目所有级次的代码和名称。
- 预览和打印凭证时显示底部信息：选中，凭证打印和预览时，显示凭证底部诸如审核人、制单人、出纳、会计主管等信息，反之，则不显示。
- 打印凭证时显示科目代码：选中，凭证打印时显示科目代码。
- 凭证没有摘要不能保存：选中，输入凭证时，没有摘要不能被保存。
- 科目允许设置为多核算：选中，科目允许设置多核算，反之，最多只能设置单一核算项目。
- 凭证输入时不能输入非明细核算项目：选中，当有核算项目的科目时，所选择的核算项目必须是明细项目。
- 可以生成凭证收据、可以生成凭证通知单：选中，在凭证界面的"编辑"菜单中才会有"收据和通知单"的功能选项，反之则无。
- 记账时本位币的金额为整数（小数位四舍五入）：选中，凭证输入时自动将小数位四舍五入为整数，建议不勾选。

"账套选项"对话框中的选项设置完成后，单击"确定"按钮保存所做的设置，单击"取消"按钮不保存所做的设置。

2. 套打设置

金蝶 KIS 为满足用户对某些单据和报表输出格式的特定需要，提供了一个功能强大、操作方便的"套打设置"模块，系统已经为用户预设部分套打格式，若还不能满足需求，用户可以先在金蝶套打设计 9.0 工具中设计好凭证、总账、明细账、多栏式明细账、数量金额明细账、试算平衡表、增值税发票等 19 种单据类型的套打打印输出格式，然后在"套打设置"模块进行相应的套打设置，也可以在相应的报表界面中进行设置。

在提供有套打功能的模块中，"文件"菜单下会有"使用套打"命令，若数据库中含有此模块的套打格式数据则此选项是可选择的，反之为灰色，不能选择。若该项可选，且已经被选中，则打印输出的是套打格式数据，使用打印预览看到的是有红色表线的套打格式；若没有被中，则打印预览及打印输出的是通常的表单。

有关"套打设置"模块的使用方法请参见"2.1.7 凭证打印"一节。

若需了解套打格式是怎样设计的，请参见金蝶套打设计 9.0 的操作手册。

3. 上机日志

为保证账套数据的安全，并监控软件的使用过程，金蝶 KIS 提供了"上机日志"功能，用于记录在某一时间、某个用户进行的操作以及操作的结果，以便于留下操作查找线索。上机日志系统默认为 5000 条记录，当超出 5000 条记录时，系统会按照先进先出的方式删除上机日志记录，只保留最新的 5000 条记录。上机日志记录可以查看、引出和打印等。

任何用户（包括账套管理员）都不能通过系统对上机日志进行人为删除或修改。

单击"系统维护"模块下的"上机日志"选项，系统直接进入"上机日志"窗口，如图 7-31 所示。在窗口中可以通过光标移动键或滚动条来查询、浏览上机日志。

用户可以通过"过滤"按钮查询所需要的信息,单击工具栏中的"过滤"按钮,系统弹出"上机日志"查询条件对话框,如图7-32所示。

图7-31　　　　　　　　　　　　　　图7-32

条件设置完成后单击"确定"按钮,系统会显示满足条件的记录。

若需要对上机日志的格式进行调整,可以通过"文件"菜单下的"引出"命令,将当前报表引出为其他数据库文件后再进行修改。

4. 科目合法性检查

使用本功能后,在输入凭证或自动生成凭证时,如果业务分录不符合合法会计科目所定义的内容,系统将提示某科目不在其中一科目的合法范围内,从而控制某些非法凭证的存在。

5. 账套修复

若账套在使用过程中遇到断电等意外情况,可能会对账套文件造成破坏,以致无法打开账套,金蝶KIS具有"账套修复"功能,可以对遭到破坏的账套进行自动修复。

单击"系统维护"模块下的"账套修复"选项,系统弹出"修复账套"对话框,如图7-33所示。

系统默认对当前账套进行修复,用户可以通过右方的"获取"按钮选择账套。单击"开始修复"按钮,系统即开始对指定账套进行修复。修复成功后系统弹出"信息提示"对话框,如图7-34所示,单击"确定"按钮即可。

图 7-33　　　　　　　　　　　　　　图 7-34

7.2 高级应用

高级应用的重点是解决实际操作中经常遇到的一些问题，如凭证的引入引出和年度账套的打开方式等。

7.2.1 初始数据引入

"初始数据引入"功能主要用于新建账套，初始化设置时可以从账套模板中引入初始数据，如币别、科目、期初数据等，若新账套与源账套有区别，需修改新账套的相关设置，再启用账套。使用此功能可以大大减少初始化设置的工作量。

新账套的会计期间需与账套模板正在处理的期间相同，否则系统会弹出"信息提示"对话框，询问是否继续引入。

例如，新建"兴旺"账套，从"兴旺实业"账套中将期初数据引入，"兴旺"账套的会计期间为 2013 年 5 期，行业属性选择"企业会计制度"。

（1）新建"兴旺"账套，行业属性选择"企业会计制度"，"会计期间"设置为"2013 年 5 期"，新建好后打开该账套。

（2）在"初始化"窗口，单击"文件"菜单下的"引入"→"初始数据"命令，如图 7-35 所示。

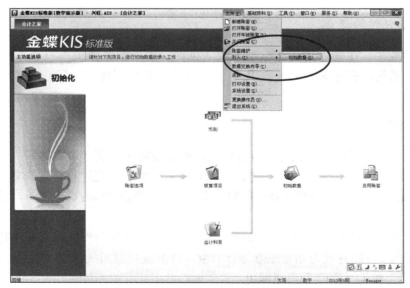

图 7-35

(3) 系统弹出"引入初始数据的源账套"对话框,选中"兴旺实业"账套,如图 7-36 所示。
(4) 单击"打开"按钮,系统弹出"信息提示"对话框,如图 7-37 所示。

图 7-36

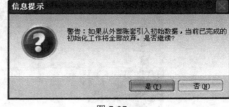

图 7-37

(5) 单击"是"按钮继续引入数据。引入成功后系统弹出如图 7-38 所示对话框,单击"确定"按钮即可。

图 7-38

(6) 检查币别、科目、初始数据等内容,用户可以自行对各项目进行修改,初始数据经试算平衡后,再启用账套。

7.2.2 凭证引入引出功能

凭证引入引出功能非常有用。用户若是集团公司,可以从"分公司"账套中引入所需的凭证到"集团公司"账套中,在"集团公司"账套中重新排序后生成相应的报表;或从标准版中引出"K3 标准格式凭证",再引入到金蝶 K3 ERP 的总账模块中。凭证引入引出功能有两种方法——直接引入凭证或引入引出标准格式凭证。

下面以建立名为"兴"的目标账套,并从"兴旺实业"账套中引入凭证为例,介绍凭证的引入引出方法。目标账套的属性必须与"兴旺实业"账套相同,并且会计科目相同,"会计期间"为 2013 年 3 期。请读者先自行建立"兴"账套,会计科目设置同"兴旺实业"账套相同,没有初始数据,直接启用。

1. 直接引入凭证

直接引入凭证主要用于同一软件版本之间的引入。
例如,将"兴旺实业"账套中 1、2 号凭证引入到"兴"账套之中,具体步骤如下。
(1) 打开"兴"账套,选择"文件"菜单下的"引入"→"凭证"命令,如图 7-39 所示。

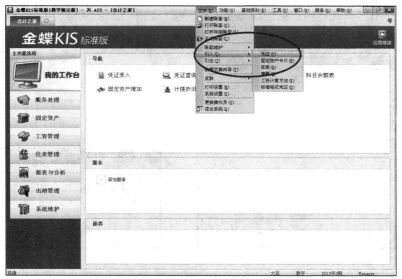

图 7-39

（2）系统弹出"引入凭证的源账套"对话框，如图 7-40 所示。

（3）选择"兴旺实业"账套，单击"打开"按钮，系统弹出"引入凭证"条件设置对话框，在"凭证类别"处选"记"字，"凭证编号"为"1"至"2"号，引入"所有凭证"，如图 7-41 所示。

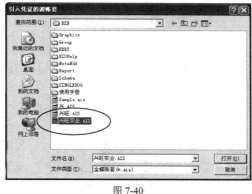

图 7-40

图 7-41

- 重排凭证号：根据已经具有的号，在引入时重新排号。

（4）单击"确定"按钮，系统弹出"信息提示"对话框，如图 7-42 所示。

（5）单击"确定"按钮，系统弹出"信息提示"对话框，如图 7-43 所示。

图 7-42

图 7-43

（6）单击"确定"按钮，这时系统会自动进入"会计分录序时簿"窗口，通过"凭证查询"操作即可看到所引入的凭证资料。

2. 标准格式凭证的引入引出

金蝶 KIS 标准版提供"标准格式凭证引入引出"功能，该功能不仅具有"直接引入"功能，还可以在同一产品系列（KIS 系列）、不同版本之间进行引入引出，如在"标准版"与"迷你版"之间引入引出数据。

例如 1，将"兴旺实业"账套中 3、4 号凭证引入到"兴"账套中，具体步骤如下。

（1）打开"兴旺实业"账套，选择"文件"菜单下的"引出"→"标准格式凭证"命令，如图 7-44 所示。

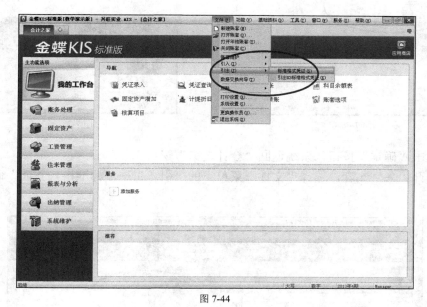

图 7-44

（2）系统弹出"引出凭证"保存文件对话框，"文件名"处输入"1"，其他选项采用系统默认值，如图 7-45 所示。

图 7-45

(3) 单击"保存"按钮，系统弹出"引出凭证"条件设置对话框。

该对话框中的选项与"引入凭证"对话框中的选项类似，但可以设置是否引出"包含已删除凭证"数据。

在对话框中将"凭证类别"改为"记"字，"凭证编号"改为"3"至"4"号，选中"所有凭证"，其他选项采用默认值，如图 7-46 所示。

(4) 单击"确定"按钮，系统经后台处理后弹出"信息提示"对话框，如图 7-47 所示。

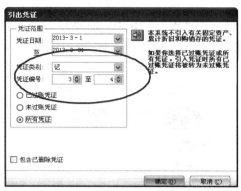
图 7-46

图 7-47

(5) 单击"确定"按钮，系统返回"会计之家"窗口。

(6) 打开"兴"账套，选择"文件"菜单下的"引入"→"标准格式凭证"命令，如图 7-48 所示。

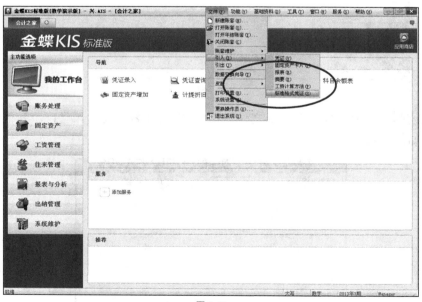
图 7-48

(7) 系统弹出"引入凭证"对话框，选中"1.dbf"文件，如图 7-49 所示。

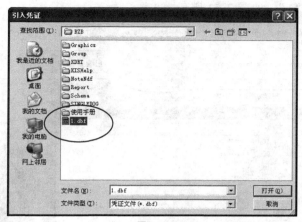

图 7-49

(8) 单击"打开"按钮,系统弹出"引入凭证"条件设置对话框,如图 7-50 所示。
(9) 选中"所有凭证"和"凭证重新编号",单击"确定"按钮,系统弹出"信息提示"对话框,如图 7-51 所示,单击"确定"按钮即可。

利用"凭证查询"功能可以查询凭证是否成功引入。

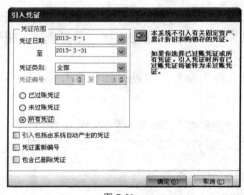

图 7-50

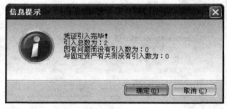

图 7-51

7.2.3 报表引入引出

报表主要指"报表与分析"模块中的报表,如资产负债表、利润表、成本分析表等各种报表。报表引入引出主要有两种方式,一种是从独立报表文件引入引出,另一种是直接引入。

1. 从独立报表文件引入引出

下面以从"兴旺实业"账套中,将"应收账款情况表"引入到"兴"账套中为例,介绍独立报表引入引出的操作步骤。

(1) 打开"兴旺实业"账套,选择"报表与分析"模块下的"自定义报表"选项,系统弹出"会计报表"对话框,选中"应收账款情况表",单击"打开"按钮,系统进入"会计报表-应收账款情况表"窗口。
(2) 选择"文件"菜单下的"另存为独立报表文件"命令,系统弹出"另存为"对话框,在"文件名"处输入"1",如图 7-52 所示。

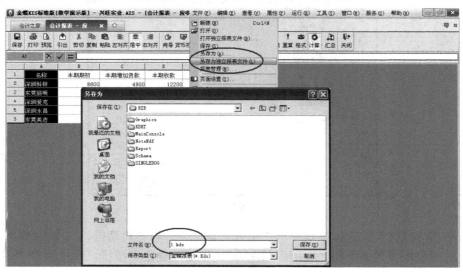

图 7-52

(3) 单击"保存"按钮。

(4) 退出"会计报表-应收账款情况表"窗口,打开"兴"账套,单击"报表与分析"模块下的"自定义报表"选项,系统弹出"会计报表"对话框,随意选择一张报表进入报表对话框。

(5) 选择"文件"菜单下的"打开独立报表文件"命令,系统弹出"打开"对话框,选中"1"文件,如图 7-53 所示。

图 7-53

(6) 单击"打开"按钮,进入"会计报表-应收账款情况表"窗口。

(7) 选择"运行"菜单下的"报表重算"命令,查看引入的报表在"兴"账套是否能用,并检查公式、项目有无错误。

(8) 报表调整完成后,选择"文件"菜单下的"保存"命令,系统弹出"保存报表"对话框,如图 7-54 所示。

图 7-54

(9) 采用系统默认值,单击"确定"按钮进行保存工作。

报表保存后,可以通过"文件"菜单下的"打开"命令查看是否保存成功。

2. 直接引入报表

下面以从"兴旺实业"账套引入所有报表到"兴"账套中为例,介绍直接引入报表的步骤。

(1) 打开"兴"账套,选择"文件"菜单下的"引入"→"报表"命令,系统弹出"引入报表的源账套"对话框,如图 7-55 所示。

图 7-55

(2) 选中"兴旺实业"账套,单击"打开"按钮,系统弹出"信息提示"对话框,如图 7-56 所示。

(3) 单击"确定"按钮。

(4) 单击"报表与分析"模块下的"自定义报表"选项,系统弹出"会计报表"对话框,如图 7-57 所示。

在"会计报表"对话框中所有报表都是两份,后缀带有数字的报表为引入报表,选中自己需要的报表可以直接进入报表窗口。

图 7-56　　　　　　　　　　　　　　　　图 7-57

注：建议源账套和被引入账套的科目级别相同，两账套的行业属性相同，这样在引入的报表中修改较少。

7.2.4　年度账套的打开方式

金蝶 KIS 标准版的结转年度账套非常简单，使用方法与月末结账类似，但一定要在结账处理时，保存好备份文件，以备后用。年度账套打开有两种方法，一种是直接打开，另一种是将备份文件恢复后再打开。

下面以建立一个"1"账套，启用"会计期间"为"2013 年 11 期"，随意输入两张凭证，并做"2013 年 11 期"的结账，处理完成后再做"2013 年 12 期"年度结账为例，介绍年度账套的打开方式。

建立账套和年度结账。选择"文件"菜单下的"打开年结账套"命令，系统弹出"打开账套"对话框，在"文件名"处输入"1_2013年结.AIY"，如图 7-58 所示。

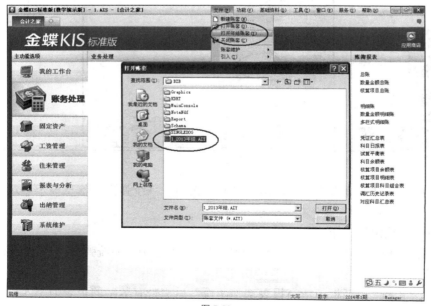

图 7-58

单击"打开"按钮，这时系统会自动将2013年度的"1"账套打开。

课后习题

1. 增加"汇兑"结算方式。
2. 在"核算项目"对话框中如何显示已经禁用的项目？
3. 能否修改上机日志？

上机测评

涉及模块：账务处理、报表与分析、固定资产、工资管理和出纳管理。

涉及内容：建立账套、用户管理、初始化设置、固定资产卡片处理、出纳管理、凭证处理和出财务报表。

考训要求：让测评者了解财务业务一体化的数据关系流转，懂这些模块的操作方法，熟练程度为"会操作"即可。

说明：当出现"姓名"时，表示当前测评者的姓名。目的：防止测评者使用账套恢复功能互相导入，从而作弊。

一、账套信息和用户

1. 建立账套

账套名称：测评者姓名（如果测评者是"何成越"，则输入"何成越"）。
账套路径：系统默认值。
公司名称：测评者姓名。
所属行业：新会计准则。
本 位 币：RMB。
开始日期：1月1日。
启用期间：2013年1月。

二、基础设置

2. 新增HKD——港币，汇率为0.81。
3. 建立测评表1至测评表2基础资料。

测评表1　　　　　　　　　　客户和供应商

客户		供应商	
代码	名称	代码	名称
01	深圳A客户	01	A供应商
02	深圳B客户	02	B供应商

测评表 2　　　　　　　　部门、职员

部门		职员		
代　码	名　称	代　码	姓　名	部　门
01	总经办	01	何成越	总经办
02	财务部	02	测评姓名 A	财务部
03	销售部	03	测评姓名 B	财务部
04	采购部	04	郝达	销售部
05	仓库	05	张琴	采购部
06	生产部	06	王平	仓库
07	品管部	07	张强	生产部
08	行政部	08	赵理	生产部
		09	李小明	生产部
		10	李大明	生产部
		11	王长明	品管部
		12	李闯	行政部

4．新增和修改会计科目，见测评表 3。

测评表 3　　　　　　　新增和修改会计科目

科目代码	科目名称	币别核算	期末调汇	核算项目
1002.01	工行东桥支行 125	否	否	
1002.02	中行东桥支行 128	单一外币（港币）	是	
1122	应收账款			客户
2202	应付账款			供应商
4001.01	何成越			
4001.02	王长明			
5001.01	基本生产成本			
5001.01.01	直接材料			
5001.01.02	直接人工			
5001.01.03	制造费用转入			
5101.01	折旧费			
5101.02	员工工资			
6601.01	差旅费			
6601.02	业务招待费			
6601.03	业务员工资			
6602.01	办公费			
6602.02	伙食费			
6602.03	管理员工资			
6602.04	折旧费			

5．建立一个"办公设备"固定资产类别。

6．操作人员及权限分工见表测评表 4。

测评表 4　　　　　　　　　　　操作人员及权限分工

用　户　名	用　户　组	权　　　限	分　　　工
测评姓名 A	Administrators	所有权限	负责审核"测评姓名 B"录入的业务数据和出报表
测评姓名 B	默认组	所有权限	负责日常业务处理,如单据输入、凭证输入、固定资产和工资输入

三、期初数据

7．科目期初余额,见测评表 5。

测评表 5　　　　　　　　　　　科目初始数据

科目代码	科目名称	方　向	期初余额
1001	人民币	借	5000.00
1002.01	工行东桥支行 125	借	448082.00
1122	应收账款	借	38000.00
1403	原材料	借	8000.00
1601	固定资产	借	9800.00
1602	累计折旧	贷	882.00
2202	应付账款	贷	8000.00
4001.01	何成越	贷	250000.00
4001.02	王长明	贷	250000.00

8．应收客户期初余额,见测评表 6。

测评表 6　　　　　　　　　　　客户初始数据

客　户	日　　　期	应收账款	预收账款	期初余额
深圳 A 客户	2012-12-31	13000.00		13000.00
深圳 B 客户	2012-12-31	25000.00		25000.00

9．应付供应商期初余额,见测评表 7。

测评表 7　　　　　　　　　　　供应商初始数据

供　应　商	日　　　期	应付账款	预付账款	期初余额
A 供应商	2012-12-31	8000.00		8000.00

10．固定资产初始数据,见测评表 8

测评表 8　　　　　　　　　　　固定资产初始卡片

基　本　信　息		部门及其他		原值与折旧	
资产类别	办公设备	固定资产科目	1601	币别	人民币
资产编码	B001	累计折旧科目	1602	原币金额	9800
名称	IBM 手提电脑	使用部门	总经办	开始使用日期	2012-6-7
计量单位	台	折旧费用科目	6602.04	预计使用期间数	60
数量	1			已使用期间数	10

续表

基本信息		部门及其他		原值与折旧	
入账日期	2012-6-7			累计折旧	882
存放地点	公司办公楼			预计净残值	980
使用状况	正常使用			折旧方法	平均年限法（基于入账原值和预计使用期间）
变动方式	购入				

四、日常业务资料

11. 以"测评姓名B"用户输入测评表9中所有凭证，注意部分科目的新增和客户档案的新增。

测评表9　　　　　　　　　　凭证

凭证号	日期	摘要	会计科目	币别	汇率	原币金额	借方	贷方
记-1	2013-1-8	实收投资款	1002.02 中行东桥支行128	HKD	0.81	100000	81000	
			4001.02　王长明					81000
记-2	2013-1-12	业务部经理报销招待费	6601.02 业务招待费				2350	
			1001 现金					2350
记-3	2013-1-13	向A供应商采购原材料一批	1403 原材料				45000	
			2221.01.01 进项税				7650	
			2202 应付账款—A供应商					52650
记-4	2013-1-15	给A供应商付部分货款	2202 应付账款—A供应商				30000	
			1002.01 工行东桥支行125					30000
记-5	2013-1-17	销售C客户产品	1122 应收账款—C客户				81900	
			6001 主营业务收入					70000
			2221.01.05 销项税					11900
记-6	2013-1-18	收到A客户货款	1002.01 工行东桥支行125				13000	
			1122 应收账款—深圳A客户					13000
记-7	2013-1-22	购买荣威350	1601 固定资产				95600	
			1002.01 工行东桥支行125					95600
记-8	2013-1-31	本期生产领料	5001.01.01 直接材料				38970	
			1403 原材料					38970
记-9	2013-1-31	期末固定资产计提折旧	5101.01 折旧费				1200	
			6602.04 折旧费				2150	
			1602 累计折旧					3350

12. 以"测评姓名A"进入凭证的审核和过账。
13. 把所有职员归为"参与工资核算"类别，然后核算工资，生成费用分配凭证。
14. 计提固定资产折旧。
15. 期末调汇，港币期末汇率为0.80。

16. 自定义期末结转凭证模板，并且生成相应的凭证。
17. 期末结转损益。
18. 在出纳管理引入日记账。
19. 生成资产负债表和损益表，调整格式，以 A4 纸张作为打印纸张输出。
20. 会查询各种账簿和报表。

附录 习题解答

第1天 金蝶KIS的安装与初始化设置

1. 单击登录界面上的"新建"按钮或单击"文件"菜单中的"新建"命令。
2. 依据第一张凭证处理期间而定。
3. 账套备份文件需恢复后方能打开。
4. 白色区域可以直接输入账务数据,它们是普通科目最明细级的账务数据;黄色区域为非最明细科目的账务数据或挂了核算项目的会计科目,数据是系统根据最明细级科目的账务数据自动汇总计算或根据核算项目的数据自动计算出来的;绿色区域为有关固定资产初始数据资料,业务数据涉及"固定资产"和"累计折旧"两个科目,其中数据由固定资产卡片中数据处理产生;灰色区域不能输入数据。
5. 通过输入窗口左上角的"数据类型"下拉菜单。
6. 基本入账信息中的原值是用某种币别进行购买时的原值,可以自动换算成本位币原值;而折旧与减值准备信息中的原值指用某种币别来反映。
7. 试算平衡

第2天 凭证处理和账簿查询

1. 系统维护   凭证字   不能
2. 选择"系统维护"下的"账套选项",在"凭证"选项卡选中"增加和修改凭证时允许改变凭证字号"选项。
3. 是直接输入   通过"摘要"库进行选择
4. 获取功能(也万能查询键)   保存功能
5. 最明细科目
6. ...(两个小数点)   Ctrl+F7功能键
7. 单价   金额
8. 能

9. 单张　　批审　　制单人

10. 审核　　选择"系统维护"下的"账套选项",单击"凭证"选项卡,选中"凭证过账前必须经过审核"选项　　Ctrl+F11 功能键

11. 凭证反过账,然后按审核用户名登录系统执行凭证反审核处理,最后修改凭证。

12. 格式能自行修改。报表能引出为多种数据库文件,如 Excel 文件,选择"文件"菜单中的"引出"命令即可。

第 3 天　固定资产管理

1. 7 种　　4 种　　单击"方式"项右侧的"…"按钮,在弹出的对话框即可进行管理工作。

2. 打开需要进行复制的固定资产卡片,单击对话框中的"复制"按钮,此时可以对新增的固定资产资料进行修改。

3. 变动资料查询功能只能对已经过账的固定资产资料进行查询。

4. 计提折旧费用前必须对有用工作量法计提折旧的固定资产进行月工作量的输入,以及对有减值准备的固定资产进行减值准备的计提。

5. 先通过"账务处理"下的"凭证查询"选项,查询到由"固定资产"系统产生的计提折旧凭证,选中后将其删除。返回到"固定资产"模块,对相关固定资产变动后,才能进行新的计提折旧工作。

6. 在"固定资产清单"窗口中,单击"文件"菜单下的"打印固定资产卡片"命令即可。

第 4 天　工资管理

1. 在"核算项目"对话框中查看该员工档案的"类别"项是否为"不参与工资核算",修改为相应的类别即可。

2. 黄色区域表示系统默认值,或由相关的公式计算而得的数据;白色区域是手工输入的数据。

3. 第一次查看时,要在"工资报表输出"窗口中单击"编辑"按钮,设置要显示的工资项目。

第 5 天　往来管理和出纳管理

1. 在往来会计科目的属性中选择"往来业务核算"选项,并且在输入往来业务凭证时输入"业务编号"　　往来业务核算的凭证已经过账。

2. 自动核销　　手工核销。

3. 选中已经核销的业务资料,双击鼠标左键即可。

4. 按业务编号排序　　按日期排序。

5. 在"账龄分析表"窗口中,直接修改天数,系统会自动更新。

6. 能,方法是直接在"账务处理"模块下的"凭证输入"选项中输入。

7. 现金日记账的登记方法有 3 种:直接输入,从凭证引入现金日记账,编辑日记账时自动从账务引入数据。

8. 在账套选项中设置。

9. 自动对账和手工对账。

10．只有取消核销/退票后，才能删除支票。

第6天　期末处理和报表的生成与分析

1．转入、按比例转出余额、按比例转出发生额、按公式转出。
2．不能，这样可能会生成重复的凭证。
3．可以。
4．凭证必须过账。
5．Ctrl+F12 功能键。
6．公式错误、会计期间错误、系统引起。
7．尽量保留所有科目（包括不用的），或修改"科目代码"。
8．单击编辑栏中的"√"（确认）按钮或"X"（取消）按钮。
9．分析方法又可分为结构分析、比较分析、趋势分析、比率分析 4 种。

第7天　系统维护和高级应用

1．略
2．选中对话框中的"显示可恢复的禁用项目"选项。
3．任何用户（包括账套管理员）都不能人为地删除或修改上机日志。